FORMULAIRE

A L'USAGE

DE LA GARDE RÉPUBLICAINE

FORMULAIRE

A L'USAGE DE LA

GARDE RÉPUBLICAINE

PAR

M. PERRÈVE

JUGE AU TRIBUNAL DE NEUFCHATEL

et

M. COCHET DE SAVIGNY

Chef d'escadron de Gendarmerie

ENTIÈREMENT REFAIT, AUGMENTÉ ET MIS AU COURANT DE LA LÉGISLATION

PAR

M. le Comm[t] KERCHNER

PREMIÈRE ÉDITION

PARIS

LÉAUTEY, ÉDITEUR, IMPRIMEUR DE LA GARDE RÉPUBLICAINE

Rue Saint-Guillaume, 24

—

1884

OBSERVATIONS PRÉLIMINAIRES

Noble et digne émule de la gendarmerie départementale, la garde républicaine rivalise avec elle de zèle pour ses devoirs, comme aussi de sagesse et de fermeté dans l'accomplissement de ses utiles fonctions. Aux termes de l'art. 14 du décret du 1er mars 1854, ces deux corps spéciaux et d'élite n'en font réellement qu'un sous deux dénominations différentes. L'une et l'autre sont dans les attributions du ministre de la guerre sous les rapports de la discipline, de la tenue, du casernement, de l'instruction militaire, de l'administration et de l'avancement. Les mêmes règlements leur sont applicables.

Aux termes de l'art. 67 du décret précité, la garde républicaine étant spécialement chargée du service de surveillance de la capitale, est placée, pour l'exécution de ce service, sous la direction du préfet de police. C'est de lui qu'elle reçoit les instructions nécessaires pour assurer le maintien de l'ordre dans la ville de Paris, qui pourvoit à la moitié de ses dépenses.

La garde républicaine est, sans contredit, une des plus importantes institutions. C'est à sa vigilance que sont confiés le maintien de l'ordre public, la sûreté des personnes et la protection des propriétés.

Spécialement instituée pour veiller à la tranquillité de la capitale, à la sûreté de ses habitants, et préserver la cité des perturbations qui, parfois, mettent en péril la fortune et la vie même des citoyens, des moyens efficaces, et au besoin énergiques, sont confiés à la garde républicaine pour assurer partout et toujours l'exécution des lois, ordonnances et règlements. Ses rapports avec les autorités municipales et de police sont de tous les instants, et la plus grande célérité préside à la transmission des avis qu'elle doit faire parvenir à l'occasion des événements divers qui intéressent la sûreté de la capitale.

Suivant le même mode et dans le même but que la gendarmerie, la garde républicaine assure et prête son concours aux agents de l'autorité; elle défère à leurs réquisitions, comme à celles des officiers de justice, lorsqu'elles leur sont faites dans les formes prescrites par les lois et règlements.

L'emploi de la force des armes ne doit être spontané de la part de la garde républicaine qu'alors qu'elle est elle-même attaquée. En toute autre circonstance, elle doit attendre la réquisition.

Les magistrats, les fonctionnaires et les citoyens chargés d'un service public, qui ont le droit de requérir la force armée, sont : les membres des cours et tribunaux, les commissaires de police, les officiers de paix, les agents de la préfecture de police, les inspecteurs généraux et particuliers des marchés, de l'octroi et de la navigation.

Les réquisitions doivent être faites par écrit. Toutefois, en cas d'urgence, il est convenable d'obtempérer à celles mêmes qui ne sont que verbales, alors qu'elles émanent de fonctionnaires connus ou qui exhibent, soit leur écharpe, soit leur carte de service. Alors il y a lieu de se faire remettre par eux une réquisition écrite aussitôt que l'opération est terminée.

Les simples citoyens ont également le droit de requérir l'assistance de la garde républicaine, car elle leur doit secours et protection dans le danger. Il est dans l'ordre de ses devoirs de déférer à leurs réquisitions verbales ou par écrit, et de se transporter immédiatement sur les lieux, en cas d'incendie, de vols, de pillage, d'émeute, d'assassinat, de blessures, voies de fait, et autres événements qui intéressent la sûreté publique ou privée.

La puissance du nombre, la force matérielle, ne sont pas toujours, immédiatement surtout, du côté des agents de répression; mais la voie de la persuasion est rarement inefficace. La patience, la fermeté de remontrances faites avec un langage bienséant, sont d'utiles auxiliaires qu'il convient d'appeler à son aide aussi longtemps que faire se peut.

Les sous-officiers et gardes, toujours calmes, toujours prudents dans les difficultés de détail, ne doivent recourir à l'usage des armes et de la force que la loi leur confie qu'en cas de violation formelle des consignes qui leur ont été données, ou que s'il y a rébellion contre eux; alors encore, la douceur et la modération doivent les porter à recourir, en même temps, à tous les moyens propres à ne pas augmenter les irritations; car la malice, toujours astucieuse et persévérante, se félicite de les trouver en défaut, et de compromettre, s'il se peut, leur responsabilité. Dans tous les cas, la force des armes ne doit être employée qu'en proportion de la résistance, et que lorsqu'elle est devenue indispensable à la répression de violences ou voies de fait exercées contre les gardes, ou qu'ils ne sauraient autrement, soit conserver le poste qui leur a été confié, soit défendre les personnes confiées à leur surveillance.

Vigilante, parce que les méchants ne se reposent pas; active, parce que le temps efface promptement les traces du délit; forte, enfin, dans l'accomplissement de sa haute mission, la garde républicaine n'a cessé, jusqu'à ce jour, de suppléer au nombre par le zèle, la circonspection et le dévouement au devoir. C'est un honorable témoignage que les chefs des services judiciaires et administratifs lui rendent à l'envi.

La garde républicaine a reçu de la loi le droit et le devoir de constater les délits de toute nature, d'en rechercher les preuves, d'en saisir les auteurs et de les livrer aux tribunaux.

Outre les attributions qui lui ont été conférées par le décret du 1er mars 1854, organique pour elle comme pour la gendarmerie, elle est encore particulièrement chargée de constater les contraventions aux ordonnances et règlements qui régissent uniquement la ville de Paris.

Ce *Formulaire*, fait plus spécialement en vue des contraventions qui sont commises dans la capitale, contrairement aux règlements et ordonnances de M. le préfet de police, ne prévoit pas évidemment tous les délits que la garde républicaine a le devoir de constater. En dehors de ces règlements, il est un grand nombre de faits que le Code pénal et autres lois répriment. Le *Formulaire de la gendarmerie*, publié également par M. Perrève, et entièrement refait par le commandant Kerchner, présente sur ces matières tous les documents désirables, et nous ne saurions trop exhorter les membres de la garde républicaine à se pénétrer de ses dispositions.

En cas de crime ou de délit flagrant, les sous-officiers et gardes ont caractère pour procéder d'office à l'arrestation des inculpés ; et alors ils les conduisent devant le commissaire de police.

Conformément aux art. 9, 48 et suivants du Code d'instruction criminelle, les officiers, en leur qualité d'officiers de police judiciaire, ont les mêmes droits, les mêmes attributions que les procureurs de la République. Ils ont, comme eux, caractère à l'effet de procéder aux actes ayant pour objet la constatation, la recherche, la poursuite de tous délits dont la connaissance appartient aux tribunaux correctionnels et aux cours d'assises. Ils peuvent interroger les prévenus, entendre les témoins, faire constater par des gens de l'art les diverses circonstances des faits reprochés, et décerner mandat de comparution ou d'amener.

Pour entendre les témoins, il n'est pas nécessaire de leur faire donner assignation. L'officier qui procède à l'information les fait mander, soit par un garde, soit par tout autre.

Les sous-officiers et les simples gardes ne peuvent décerner aucuns mandats, mais ils doivent recueillir sur les lieux tous les renseignements propres à éclairer la justice, et les consigner dans leurs procès-verbaux de constat des faits.

Dans un procès-verbal, une rédaction claire et précise est surtout désirable. Cet acte doit contenir : 1° la date des an, mois, jour et heure ; 2° l'indication des nom, prénoms, grade, compagnie, bataillon et caserne des rédacteurs ; 3° la désignation du lieu où a été commis le crime, le délit ou la contravention ; 4° les nom, prénoms, âge, domicile des prévenus, ainsi que des témoins.

L'exposé des faits doit être exact et dégagé de tout ce qui est étranger à l'action punissable. Il faut relater avec précision les circonstances à décharge, comme celles à charge ; enfin, et autant que possible, ne rien omettre de ce qui peut être regardé comme aggravant ou atténuant.

Les gardes doivent avoir soin d'écrire, non en chiffres, mais en toutes lettres, les indications de nombres, telles que les dates, les numéros des maisons, des voitures, des médailles de cochers, portefaix, crieurs publics, etc. Les articles de lois et ordonnances, les numéros de bataillon ou de compagnie peuvent être indiqués en chiffres.

En marge de chaque procès-verbal, il convient d'en énoncer sommairement le contenu, et l'on aura toujours soin de mettre après le fait et clos le signalement du prisonnier, lorsqu'il a été procédé à l'arrestation d'un individu qui doit demeurer sous la main de la justice.

Lorsqu'une arrestation requise, en vertu d'un mandat ou autrement, n'a point été suivie de capture, il y a lieu de dresser procès-verbal des recherches infructueuses, et de faire connaître, par cet acte, les circonstances qui ont mis obstacle au succès.

Les procès-verbaux qui peuvent donnier lieu à des condamnations judiciaires doivent être présentés au visa pour timbre et à l'enregistrement en débet dans les quatre jours de leur date.

Les procès-verbaux en matière de police de roulage sont visés pour timbre et enregistrés en débet dans les trois jours de leur date. — Art. 19 de la loi du 30 mai 1851.

Trois expéditions doivent être faites dans les cas d'arrestation par suite d'outrages ou de voies de fait envers les militaires de la garde républicaine. Deux : 1° pour arrestations de militaires, soit par mesure de discipline, soit autrement ; 2° pour contraventions et arrestations opérées.

Quatre expéditions doivent être faites en cas d'arrestation d'un forçat évadé ou d'un déserteur. — L'original accompagne le prévenu ; les trois copies sont remises au conseil d'administration du corps, ayant au bas le certificat du capitaine de la compagnie énonçant que l'individu arrêté a été écroué dans la prison désignée au procès-verbal.

Chaque procès-verbal, visé pour timbre et enregistré en débet, doit être : 1° envoyé au capitaine commandant, avec, en cas d'arrestation, le reçu du commissaire de police ou du juge de paix, constatant que le prévenu a été mis à sa disposition ; 2° adressé, dans les vingt-quatre heures, au colonel par le capitaine commandant, après avoir été, par lui, visé et analysé sur le registre de la compagnie ; 3° transmis par le colonel à M. le préfet de police, qui en saisit le magistrat chargé des poursuites.

Lorsqu'il s'agit d'un événement grave, il n'y a pas lieu d'attendre, pour en donner avis, que le procès-verbal soit rédigé, visé pour timbre et enregistré. Il convient d'adresser immédiatement une note analytique au capitaine de service, qui la transmet au colonel avec les rapports du matin.

En cas de faits d'une haute importance, il doit en être sur-le-champ donné avis, directement, à l'état-major ; ensuite, le procès-verbal est envoyé dans le délai prescrit.

Tout individu arrêté doit être, si l'heure le comporte, conduit immédiatement devant le commissaire de police du quartier. En cas contraire, il y a lieu de le consigner dans un poste et de le mettre au violon jusqu'à l'ouverture du bureau de police.

Tant que la position d'un prévenu n'a pas été régularisée par un commissaire de police, les sous-officiers et gardes sont responsables de sa détention. Dans tous les cas, ce magistrat leur donne un reçu des inculpés mis à sa disposition.

Si l'individu arrêté vêtu d'habits bourgeois déclare être militaire, il doit, si c'est pendant le jour, être immédiatement conduit à l'état-major de la place, et si c'est pendant la nuit, être déposé au violon et envoyé à l'état-major le lendemain matin, à l'heure où est remise la feuille du rapport.

Si la personne arrêtée est inculpée d'un crime ou d'un délit, elle est présentée au commissaire de police, qui, alors, constate les faits; après quoi elle est conduite à l'état-major de la place, si ce magistrat n'a pas jugé convenable de lui donner une autre destination ou de la retenir à sa disposition. Les gardes doivent, à cet égard, se conformer à ce qui leur est prescrit.

Si un individu, quel qu'il soit, est présenté au violon pour y rester en dépôt, le chef du poste est tenu de l'y recevoir sur un ordre de consigne signé par ceux qui ont procédé à l'arrestation. Il doit y être gardé jusqu'au lendemain à neuf heures du matin, pour son transfèrement être effectué devant le commissaire de police, soit à la diligence des agents de police ou des gardes qui ont signé l'ordre de consigne, soit à celle du chef de poste. Dans l'un et l'autre cas, un des gardes rédacteurs du procès-verbal d'arrestation se rend le lendemain, à neuf heures du matin, devant le commissaire de police, pour retirer un reçu du prévenu qui lui a été présenté, et, s'il en est requis, assister à l'interrogatoire.

Le reçu doit être joint à la copie du procès-verbal destinée au colonel.

Les faits qui ne constituent qu'une simple contravention de police ne donnent pas lieu à une arrestation provisoire, si ce n'est quand l'inculpé est inconnu ou s'est livré envers les gardes à des outrages, à des menaces ou à des voies de fait qui peuvent déterminer l'application d'une peine correctionnelle. Dans ce cas, le prévenu est conduit immédiatement devant le commissaire de police, qui, suivant les circonstances, maintient ou fait cesser la détention préventive.

GARDE RÉPUBLICAINE

—

e LÉGION.

—

CASERNE

d

—

e Bataillon.
e Compagnie.
ou
e Escadron.

Analyse du procès-verbal.

Linge lavé dans une fontaine publique,
ou *vagabondage,*
ou *blessure par négligence.*

NOMS DES PRÉVENUS.

Destination donnée aux prévenus arrêtés.

Vu par nous, capitaine commandant l dit

A Paris, ce...

Les procès-verbaux dressés par les militaires de la garde républicaine doivent toujours porter en marge les indications qui suivent :

Ils sont rédigés en double expédition pour les contraventions constatées et les arrestations opérées; en triple expédition pour insulte et voie de fait envers les militaires du corps, et en quadruple expédition lorsqu'il s'agit de l'arrestation d'un forçat évadé ou d'un déserteur. (*Art.* 30 *de l'instruction du* 30 *avril* 1883 *sur le service journalier et municipal de la garde républicaine.*)

Tous les procès-verbaux sont remis au commandant de la compagnie ou de l'escadron qui les envoie au colonel après les avoir visés. (*Art.* 27 *de l'instruction précitée.*)

ABREUVOIR.

N° 1. — *Procès-verbal constatant que des chevaux ont été conduits à l'abreuvoir pendant la nuit.*

Cejourd'hui... mil huit cent..., à une heure du matin, nous, soussignés, Antoine F... et Claude M..., tous les deux gardes à la 6e compagnie du 2e bataillon de la garde républicaine, casernés rue Lobau, revêtus de notre uniforme, et passant sur le quai..., avons fait rencontre d'un individu qui remontait de l'abreuvoir au grand trot, conduisant cinq chevaux en laisse. S'étant arrêté sur notre sommation, il a, sur les questions que nous lui avons faites, répondu se nommer Jean L..., âgé de 32 ans, être garçon d'écurie chez le sieur Louis F..., entrepreneur de bâtiments, rue..., n°... L'ayant suivi en son domicile, nous nous sommes assurés de la vérité de sa déclaration, et, lui ayant fait observer qu'il est défendu par les ordonnances de police de mener, pendant la nuit, des chevaux à l'abreuvoir, nous lui avons déclaré procès-verbal.

De ce que dessus nous avons rédigé le présent procès-verbal en double expédition pour être remis au commandant de la compagnie, conformément à l'art. 27 de l'instruction du 30 avril 1883.

Fait et clos à Paris, les jour, mois et an que dessus.

(*Signatures des gardes.*)

Ce procès-verbal est visé pour timbre et enregistré en débet dans les quatre jours de sa date.

Il est défendu de conduire pendant la nuit des chevaux à l'abreuvoir.

Tous chevaux non attelés ne peuvent être conduits au nombre de plus de trois à l'abreuvoir et sur la voie publique. Ils doivent être menés au pas (art. 8 des ord. de police des 9 mai 1831, 28 juin 1833 et art. 45 n° 13 de l'instr. du 30 avril 1883 sur le service municipal de la garde républicaine).

Dans aucun cas, les chevaux ne pourront être conduits par des femmes.

Aux termes de l'art. 471 n° 15 du Code pénal, cette contravention est punie d'amende depuis 1 fr. jusqu'à 5 fr. inclusivement; et, conformément à l'art. 474, la peine d'emprisonnement a toujours lieu, en cas de récidive, pendant trois jours au plus.

AFFICHEURS.

N° 2. — *Procès-verbal constatant l'arrestation d'un individu inculpé d'avoir placardé des affiches sur un monument public.*

Cejourd'hui... mil huit cent..., à trois heures après-midi, nous, soussignés, François F... et Charles H..., gardes à la 6e compagnie du 2e bataillon de la garde républicaine, casernés rue de la Banque, revêtus de notre uniforme, et passant devant l'église Notre-Dame, avons aperçu un individu qui apposait à la colle des affiches sur les murs de ce monument. Nous étant approchés de lui, et lui ayant fait observer qu'il était en contravention au Code pénal, en ce qui concerne la dégradation des monuments, et à l'ordonnance de police du 4 août 1836, nous l'avons sommé de nous suivre au bureau de M. le commissaire, où étant il a déclaré se nommer Nicolas P..., être garçon libraire, âgé de 28 ans, et demeurer rue du Pont-d'Arcole, n° 23. Considérant qu'il y a dans ce fait une contravention à l'ordonnance de police, ce magistrat nous a requis de conduire ledit Nicolas P... à la préfecture de police, où nous l'avons déposé, ainsi qu'il résulte du reçu ci-joint.

De ce que dessus nous avons rédigé le présent procès-verbal en double expédition pour être transmis au commandant de la compagnie, conformément à l'art. 27 du règlement du 30 avril 1883.

Fait et clos à Paris, les jour, mois et an que dessus.

(*Signatures des gardes.*)

(*Signalement.*)

Ce procès-verbal doit être visé pour timbre et enregistré en débet dans les quatre jours de sa date.

Quiconque aura dégradé des monuments destinés à l'utilité ou à la décoration publique sera puni d'un emprisonnement d'un mois à deux ans, et d'une amende de 100 fr. à 500 fr. (art. 257 du Code pénal).

L'affichage de toute espèce d'affiches imprimées par un procédé quelconque, soit gravées, lithographiées, à la main ou à la brosse, est expressément interdit sur les palais, monuments et édifices publics appartenant à l'Etat ou à la ville de Paris (art. 1er de l'ord. du préfet de police du 4 août 1836).

L'affichage est pareillement défendu sur les édifices consacrés aux cultes, sans exception même des annonces relatives aux cérémonies de ces cultes (art. 2 de ladite ordonnance).

Les professions de foi, circulaires et affiches électorales peuvent être placardées sur tous les édifices publics autres que les édifices consacrés au culte et particulièrement aux abords des salles du scrutin (art. 16 de la loi du 29 juill. 1881).

La profession d'afficheur est entièrement libre; elle n'est assujettie à l'accomplissement d'aucune formalité (circ. du garde des sceaux du 9 nov. 1881).

N° **3**. — *Procès-verbal constatant qu'un afficheur a placardé des affiches à moins de cinq mètres de distance à partir de l'angle d'une rue.*

Cejourd'hui... mil huit cent..., à cinq heures du soir, nous, soussignés, Jean M..., maréchal des logis, et Pierre L..., garde à la 2e compagnie du 3e bataillon de la garde républicaine, casernés rue de Tournon, revêtus de notre uniforme, et passant dans la rue Hillerin-Bertin, avons aperçu un individu qui apposait des affiches sur le mur faisant le coin de ladite rue, et à trois mètres au plus de l'angle de la rue de Varenne. Nous étant approchés de lui, nous lui avons fait observer qu'il commettait une contravention à l'ordonnance de M. le préfet de police, et l'avons sommé de nous suivre au bureau de M. le commissaire de police du quartier, où étant il a déclaré se nommer Louis N..., être âgé de 41 ans, et demeurer rue de l'Université, n° 34. M. le commissaire de police, après l'avoir interrogé, a ordonné sa mise en liberté.

Et attendu que les faits ci-dessus constituent contravention, nous avons rédigé le présent procès-verbal en double expédition pour être transmis au commandant de la compagnie, conformément à l'art. 27 du règlement du 30 avril 1883.

Fait et clos à Paris, les jour, mois et an que dessus.

(*Signatures des gardes.*)

Ce procès-verbal doit être visé pour timbre et enregistré en débet dans les quatre jours de sa date.

A compter du jour de la publication de la présente ordonnance et à l'avenir, défense expresse est faite aux afficheurs et à toute personne d'apposer ou de peindre des affiches aux angles des rues, places, carrefours, quais et boulevards de la capitale, ainsi que dans les cinq mètres de distance à partir de ces angles (art. 1er de l'ord. de M. le préfet de police du mois de nov. 1841).

Seront punis d'amende, depuis 1 fr. jusqu'à 5 fr. inclusivement, ceux qui auront contrevenu aux règlements et arrêtés publiés par l'autorité municipale, en vertu des art. 3 et 4 (titre XI) de la loi du 24 août 1790 et de l'art. 46 (titre Ier) de la loi du 2 juillet 1791 (art. 471 du Code pénal).

La peine d'emprisonnement contre toutes personnes mentionnées en l'art. 471 aura toujours lieu, pendant trois jours au plus, en cas de récidive (art. 474 dudit Code).

N° 4. — *Procès-verbal constatant qu'un afficheur a placardé des affiches de spectacles, bals ou concerts, sur un emplacement non autorisé.*

Les affiches de spectacles, bals et concerts, ne pourront être apposées dans Paris que sur les emplacements où il aura été reconnu que cet affichage ne peut nuire à la circulation (art. 2 de l'ord. de M. le préfet de police du mois de novembre 1841).

Cette contravention est punie d'amende de 1 fr. jusqu'à 5 fr. par l'art. 471 n° 15 du Code pénal.

En cas de récidive, l'emprisonnement, pendant trois jours au plus, est prononcé par l'art. 474 dudit Code.

N° 5. — *Procès-verbal constatant l'affichage, par un inconnu, de placards séditieux et outrageants pour le Président de la République.*

Cejourd'hui... mil huit cent..., à trois heures du soir, nous, soussignés, Prosper M... et Théodore B..., tous les deux gardes à la 2e compagnie du 1er bataillon de la garde républicaine, casernés rue de Tournon, revêtus de notre uniforme, et passant rue Neuve-Saint-Marc, avons aperçu, apposés et collés aux murs de diverses maisons de ladite rue, des placards séditieux et outrageants pour la personne du Président de la République. Les ayant arrachés pour être transmis à l'autorité, nous avons pris, pour découvrir les auteurs de ces affiches, des renseignements qui sont restés infructueux.

Ces affiches ne portent aucun nom d'auteur ni d'imprimeur et contiennent notamment ces mots..... (*Mettre les plus saillants.*)

De ce que dessus nous avons rédigé le présent procès-verbal qui sera remis, avec les placards, au commandant de la compagnie, conformément à l'art. 27 de l'instruction du 30 avril 1883.

Fait et clos, les jour, mois et an que dessus.

(*Signatures des gardes.*)

Ce procès-verbal n'est soumis ni au visa pour timbre, ni à l'enregistrement en débet.

Il est envoyé au colonel après avoir été visé par le capitaine commandant la compagnie.

L'offense au Président de la République, soit par des discours, des écrits, des imprimés vendus ou distribués, mis en vente ou exposés dans des lieux ou réunions publics, soit par des placards ou affiches exposés aux regards du public, est punie d'un emprisonnement de trois mois à un an et d'une amende de 100 fr. à 3,000 fr. ou de l'une de ces deux peines seulement (art. 36 de la loi du 29 juill. 1881).

N° 6. — *Procès-verbal constatant qu'un afficheur a placardé des affiches annonçant une vente de meubles, sur l'emplacement où se fait l'affichage des spectacles, bals et concerts.*

Cejourd'hui... mil huit cent..., à onze heures du matin, nous, soussignés, Louis P..., maréchal des logis, et Pierre L..., garde à la 5e compagnie du 1er bataillon de la garde républicaine, casernés rue de Tournon, revêtus de notre uniforme, et passant près de l'Opéra, avons aperçu un individu qui, sur l'emplacement où se fait l'affichage des spectacles, bals et concerts, apposait un placard imprimé indiquant, pour le 27 de ce mois, une vente de meubles au domicile du sieur R..., rue de Choiseul, n° 5. Nous étant approchés de lui et lui ayant fait observer qu'il commettait une contravention à l'ordonnance de M. le préfet de police, nous l'avons sommé de nous suivre au bureau de M. le commissaire de police du quartier, où étant il a déclaré se nommer Sylvain G..., être âgé de 32 ans, afficheur, et demeurer rue Vivienne, n° 7; ce dont il a justifié par l'exhibition de divers papiers. M. le commissaire de police l'a fait mettre en liberté après avoir reconnu qu'il est en contravention à l'art. 3 de l'ordonnance de police du mois de novembre 1841.

De ce que dessus avons dressé le présent procès-verbal en double expédition pour être remis au commandant de la compagnie, conformément à l'art. 27 du règlement du 30 avril 1883.

Fait et clos à Paris, les jour, mois et an que dessus.

(*Signatures des gardes.*)

Ce procès-verbal doit être visé pour timbre et enregistré en débet dans les quatre jours de sa date.

Il est interdit aux afficheurs et à toute personne d'apposer sur les emplacements où se fera l'affichage des spectacles, bals et concerts, et à cinq mètres de distance desdits emplacements, des affiches et annonces étrangères aux entreprises de théâtres, bals et concerts (art. 3 de l'ord. de M. le préfet de police du mois de nov. 1841).

Cette contravention est punie d'amende depuis 1 fr. jusqu'à 5 fr. inclusivement par l'art. 471 n° 15 du Code pénal.

En cas de récidive, l'emprisonnement, pendant trois jours au plus, est prononcé par l'art. 474 dudit Code.

ANIMAUX DOMESTIQUES.

N° 7. — *Procès-verbal constatant des mauvais traitements exercés envers des animaux domestiques.*

Loi du 2 juillet 1850. — *Article unique.* « Seront punis d'une amende de 5 fr. à 15 fr. et pourront l'être d'un à cinq jours de prison, ceux qui auront exercé publiquement et abusivement des mauvais traitements envers les animaux domestiques. — La peine de la prison sera toujours appliquée en cas de récidive. — L'art. 463 du Code pénal sera toujours applicable. »

Nous ne saurions trop exhorter les membres de la garde républicaine à assurer l'exécution de cette loi. Très souvent des conducteurs ivres, ou d'une révoltante brutalité, maltraitent d'une manière cruelle, notamment de malheureux chevaux, trop vieux, trop mal nourris ou trop chargés pour accomplir ce qu'abusivement on tente d'en obtenir. Ce désolant spectacle outrage les mœurs et détermine des représailles dont les auteurs sont les premières victimes. Des répressions fréquentes produiront la cessation de ces abus, qui sont aussi de coupables actions (art. 320 du décret du 1er mars 1854 et art. 45 n° 9 de l'instr. du 30 avril 1883 sur le service journalier et municipal de la garde républicaine).

Les mauvais traitements exercés sur les animaux domestiques ne tombent sous l'application de la loi du 2 juillet 1850 qu'autant qu'ils ont eu lieu publiquement (cass., 9 juill. 1853).

Sont considérés comme animaux domestiques ceux qui servent à la garde ou au service d'une maison; ainsi les chiens, les chevaux, les ânes, les mulets sont des animaux domestiques.

Les lois sévissent contre les individus qui, sans nécessité, blesseraient ou tueraient des animaux domestiques. L'art. 30 de la loi du 6 octobre 1791 et les art. 452, 453, 454 et 479 du Code pénal déterminent les peines applicables en pareil cas. Si, par exemple, des enfants, en jetant des pierres à un chien, lui avaient fait une blessure, il y aurait lieu de dresser procès-verbal, parce que ce fait est puni d'une amende de police, aux termes de l'art. 479 du Code pénal; de plus, les pères et mères seraient passibles de dommages-intérêts, conformément à l'art. 1384 du Code civil, comme étant responsables de leurs enfants.

Le fait d'avoir blessé un chien appartenant à autrui, par le jet d'un corps dur, est passible de la peine de police portée par l'art. 479 n° 3 du Code pénal (cass., 9 juill. 1853).

Les veaux liés et tassés dans une charrette constituent une contravention s'ils sont placés de manière à souffrir de cette position (cass., 13 août 1858).

La destruction d'un chien d'autrui est un fait licite lorsqu'elle est justifiée par la nécessité et au moment où l'animal porte atteinte à la propriété de celui qui se défend par ce moyen extrême (cass., 7 juill. 1871).

ANIMAUX MALFAISANTS.

N° 8. — *Procès-verbal constatant qu'un individu a promene et montré, dans les rues de Paris, des animaux malfaisants.*

Cejourd'hui... mil huit cent..., à deux heures du soir, nous, soussignés, Louis L... et Pierre L..., gardes à la 2e compagnie du 1er bataillon de la garde républicaine, casernés rue de Tournon, revêtus de notre uniforme, et passant en la rue Saint-Antoine, avons aperçu un individu qui exposait aux regards et faisait danser, sur la voie publique, un ours et deux singes. Nous étant approchés de lui, et lui ayant demandé s'il avait obtenu l'autorisation de promener ainsi ces animaux, il a répondu négativement; nous l'avons conduit devant M. le commissaire de police du quartier, à qui nous avons communiqué les faits ci-dessus relatés. Ce magistrat, après avoir interrogé l'inculpé, qui a dit se nommer Claude B..., être âgé de 45 ans, et sans domicile fixe, nous a requis de le conduire à la préfecture de police, où nous l'avons déposé, ainsi qu'il résulte du reçu joint au présent. — Sur sa réquisition et par les soins de leur maître, les animaux susmentionnés ont été conduits en la fourrière publique, rue de Poissy.

Le fait ci-dessus constituant une contravention à l'art. 12 de l'ordonnance de police du 14 décembre 1831, nous avons rédigé le présent procès-verbal en double expédition pour être remis au commandant de la compagnie, conformément à l'art. 27 du règlement du 30 avril 1883.

Fait et clos à Paris, les jour, mois et an que dessus.

(*Signatures des gardes.*)

(*Signalement.*)

Ce procès-verbal doit être visé pour timbre et enregistré dans les quatre jours de sa date.

Défenses sont faites à tous individus de promener dans Paris des animaux malfaisants et dangereux (art. 12 de l'ord. du préfet de police, en date du 10 déc. 1831).

Seront punis d'amende, depuis 1 fr. jusqu'à 5 fr. inclusivement, ceux qui auront contrevenu aux règlements faits par l'autorité administrative, et ceux qui ne se seront pas conformés aux règlements et arrêtés publiés par l'autorité municipale, en vertu des art. 3 et 4 du titre XI de la loi des 24-26 août 1790, et de l'art. 46 (titre Ier) de la loi des 19-22 juillet 1791 (art. 471 n° 15 du Code pénal).

La peine d'emprisonnement, contre toutes les personnes mentionnées en l'art 471, aura toujours lieu, en cas de récidive, pendant trois jours au plus (art. 474 dudit Code).

Il y a lieu de conduire l'inculpé chez le commissaire de police.

Le propriétaire est passible de peines correctionnelles lorsque, par son imprudence, les animaux qu'il aura laissé divaguer, soit qu'ils fussent d'une nature féroce, ou que, par le fait, ils soient devenus malfaisants, ont occasionné à quelqu'un des blessures sur la voie publique (arrêt de cass. du 6 nov. 1807).

Le chien doit être rangé, par son instinct particulier, dans la classe des animaux malfaisants, lorsque, sans avoir été excité ni provoqué, il s'élance sur les passants et les mord. Dans ce cas, il rend son maître, même absent, passible de l'amende de police prononcée par l'art. 475 n° 7 du Code pénal, comme coupable de l'avoir laissé divaguer et de ne l'avoir pas retenu (cass., 3 oct. 1851 et 10 mars 1854).

Lorsqu'un chien a été laissé sans muselière contrairement à un arrêté de police et a mordu quelqu'un, il y a, de la part du propriétaire de cet animal, deux contraventions dont la dernière ne saurait être excusée pour cause d'absence du propriétaire (cass., 16 juin 1848).

Seront en contravention, les personnes qui ne retiendront pas leurs chiens lorsque ces animaux attaquent ou poursuivent les passants.

Les chiens, même ceux tenus en laisse, doivent porter au cou un collier muni d'une plaque sur laquelle seront gravés le nom et la demeure des personnes auxquelles ils appartiennent (art. 45 n° 35 de l'instr. du 30 avril 1883 sur le service municipal et journalier de la garde républicaine).

ARBRES DES BOULEVARDS.

N° 9. — *Procès-verbal constatant l'arrestation d'un individu inculpé d'avoir écorcé plusieurs arbres sur les boulevards.*

Cejourd'hui... mil huit cent..., à huit heures du matin, nous, soussignés, Auguste M... et Jacques B..., gardes à la 6e compagnie du 3e bataillon de la garde républicaine, casernés rue Mouffetard, rentrant d'un service de nuit, hier, à onze heures du soir, revêtus de notre uniforme, et étant arrivés sur le boulevard d'Enfer, avons aperçu, dans l'obscurité, un individu occupé à en écorcer les arbres. Nous étant emparés de suite de sa personne et ayant examiné les arbres plantés près et en face la maison n° 18, où il stationnait quand nous l'avons arrêté, nous avons reconnu que cinq d'entre eux venaient d'être dépouillés de leur écorce, sur une surface de soixante centimètres environ de long, et de vingt centimètres environ de large. Lui ayant demandé ce qui avait pu le porter à commettre ce délit, il nous a répondu que c'était pour se venger de ce qu'on avait refusé de l'employer aux travaux qui se font actuellement sur le boulevard. L'ayant conduit devant M. le commissaire de police du quartier, il lui a déclaré se nommer Stanislas P..., être âgé de 27 ans, ouvrier paveur, et demeurer rue du Roule, n° 42. Ce délit étant passible de peines correctionnelles, aux termes du Code pénal, M. le commissaire de police nous a requis de conduire ledit P... à la préfecture de police, où nous l'avons déposé contre un reçu.

De ce que dessus avons rédigé le présent procès-verbal en double expédition pour être remis, avec le reçu, au commandant de la compagnie, conformément à l'art. 27 du règlement du 30 avril 1883.

Fait et clos à Paris, cejourd'hui. . . mil huit cent. . .

(*Signatures des gardes.*)

(*Signalement.*)

Ce procès-verbal doit être visé pour timbre et enregistré en débet dans les quatre jours de sa date.

Quiconque aura détruit, abattu, mutilé ou dégradé des monuments, statues et autres objets destinés à l'utilité ou à la décoration publique, et élevés par l'autorité publique ou avec son autorisation, sera puni d'un emprisonnement d'un mois à deux ans, et d'une amende de 100 fr. à 500 fr. (art. 257 du Code pénal).

Quiconque aura abattu un ou plusieurs arbres qu'il savait appartenir à autrui, sera puni d'un emprisonnement qui ne sera pas au-dessous de six jours ni au-dessus de six mois, à raison de chaque arbre, sans que la totalité puisse excéder cinq ans (art. 445 dudit Code).

Les peines seront les mêmes à raison de chaque arbre mutilé ou écorcé de manière à le faire périr (art. 446 dudit Code).

Le minimum de la peine sera de vingt jours dans les cas prévus par les art. 445 et 446, si les arbres étaient plantés sur les places, routes, chemins, rues ou voies publiques (art. 448 dudit Code).

Il y a lieu de conduire le prévenu chez le commissaire de police.

Seront également arrêtés et conduits devant le commissaire de police du quartier, les individus qui seraient surpris coupant ou dégradant d'une manière quelconque les arbres plantés sur les chemins, promenades publiques et fortifications, ou détériorant les monuments qui s'y trouvent (art. 35 n° 12 de l'instr. du 30 avril 1883 sur le service journalier et municipal de la garde républicaine).

N° 10. — *Procès-verbal constatant qu'un marchand de jouets a attaché des cordes aux arbres des promenades pour y suspendre sa marchandise.*

Cejourd'hui... mil huit cent..., à onze heures du matin, nous, soussignés, Louis P... et Pierre F..., gardes à la 2e compagnie du 1er bataillon de la garde républicaine, casernés rue de Tournon, revêtus de notre uniforme et passant sur le boulevard des Italiens, avons aperçu un individu qui avait attaché des cordes aux arbres bordant la contre-allée dudit boulevard, pour y suspendre des brosses, des cages et autres menues marchandises, qui font l'objet de son commerce et qu'il exposait à la vente publique. Nous étant approchés de lui, il a déclaré, sur notre demande, se nommer Jules F..., être âgé de trente-et-un ans, marchand de jouets, et demeurer rue Kléber, n° 81. Nous l'avons sommé de détacher les cordes qu'il avait placées aux arbres, ce qu'il a fait sans résistance, et, après nous être assurés de l'exactitude de ses réponses, nous lui avons déclaré procès-verbal pour contravention à l'art. 82 de l'ordonnance de police du 8 août 1829.

De ce que dessus avons dressé le présent procès-verbal qui sera remis en double expédition au commandant de la compagnie, conformément à l'art. 27 du règlement du 30 avril 1883.

Fait et clos à Paris, les jour, mois et an que dessus.

(*Signatures des gardes verbalisants.*)

Ce procès-verbal doit être visé pour timbre et enregistré en débet dans les quatre jours de sa date.

Il est défendu de jeter des pierres ou bâtons dans les arbres, d'y suspendre des écriteaux, enseignes, lanternes et autres objets; d'y tendre des cordes pour faire sécher le linge, des étoffes ou autres choses; d'y attacher des animaux; enfin de rien faire qui soit susceptible de nuire à la liberté et à la sûreté de la circulation et à la conservation des plantations (art. 82 de l'ord. de police du 8 août 1829, et instr. sur le service journalier et municipal du 30 avril 1883, art. 45 n° 25).

La contravention aux dispositions de cette ordonnance est punie d'amende depuis 1 fr. jusqu'à 5 fr. inclusivement, aux termes de l'art. 471 n° 15 du Code pénal.

En cas de récidive, la peine d'emprisonnement aura toujours lieu pendant trois jours au plus, par application de l'art. 474 dudit Code.

ARMES PROHIBÉES.

N° 11. — *Procès-verbal constatant l'arrestation d'un individu inculpé d'avoir porté un poignard ou toute autre arme prohibée.*

Cejourd'hui... mil huit cent...., à quatre heures du soir, nous, soussignés, Jean-Baptiste M... et Prosper V...., gardes à la 1re compagnie du 2e bataillon de la garde républicaine, casernés à la Banque, revêtus de notre uniforme, étant de service au bal de ..., avons aperçu dans la salle de danse un individu ivre, armé d'un poignard, menaçant et mettant en danger les personnes qui se trouvaient dans cet établissement. Nous nous sommes approchés de cet individu, l'avons arrêté, et, après l'avoir désarmé, nous l'avons conduit immédiatement chez le commissaire de police, à qui il a déclaré se nommer Louis C..., être coutelier, âgé de trente-sept ans. et demeurer rue ..., n° .., et avoir pris cette arme pour sa défense. Le poignard, d'une longueur de 30 centimètres, est monté sur un manche en ivoire, la lame est à double tranchant et a 20 centimètres de long.

Le commissaire de police, après avoir fait remarquer à cet individu qu'il était en contravention à l'art. 314 du Code pénal, ainsi qu'à l'art. 1er de la loi du 24 mai 1834, nous a requis de le conduire à la préfecture de police, où nous l'avons déposé, contre un reçu.

De tout ce que dessus nous avons rédigé le présent procès-verbal, qui sera remis en double expédition, avec le reçu, au commandant de la compagnie, conformément à l'art. 27 du règlement du 30 avril 1883.

Fait et clos à Paris, les jour, mois et an que dessus.

(*Signatures des gardes verbalisants.*)

(*Signalement.*)

Ce procès-verbal doit être visé pour timbre et enregistré en débet dans les quatre jours de sa date.

Tout individu qui aura fabriqué ou distribué des armes prohibées par la loi ou par les règlements d'administration publique sera puni d'un emprisonnement d'un mois à un an et d'une amende de 16 fr. à 500 fr. Celui qui sera porteur desdites armes sera puni d'un emprisonnement de six jours à six mois et d'une amende de 16 fr. à 200 fr. (art. 1er de la loi du 24 mai 1834).

Une ordonnance du préfet de police, en date du 1er août 1820, a étendu la prohibition à tous bâtons, cannes et parapluies, garnis à l'un ou l'autre de leurs bouts d'une armature en fer, acier, plomb ou de quelque espèce que ce soit, pouvant servir d'arme offensive pénétrante, tranchante ou contondante.

Une ordonnance du roi, en date du 23 février 1837, range les pistolets de poche au nombre des armes prohibées.

La prohibition de la vente et de la fabrication des poignards n'est pas restreinte aux lames à deux tranchants; elle s'étend à tous les couteaux en forme de poignard (cass., 15 oct. 1841 et 5 juill. 1851).

Un pistolet que l'on tient caché dans sa poche est une arme prohibée, quelle qu'en soit la longueur ou la forme. Les tribunaux apprécient si ce pistolet constitue le port défendu par l'art. 314 du Code pénal (Cour de Besançon du 22 mars 1871).

ARTIFICES.

N° **12**. — *Procès-verbal rapporté contre une personne civilement responsable de la contravention commise par ses enfants, en tirant des pièces d'artifice dans la rue.*

Cejourd'hui... mil huit cent..., à trois heures de l'après-midi, nous, soussignés, Jules B... et Louis F..., gardes à la 6e compagnie du 1er bataillon de la garde républicaine, casernés rue de la Banque, revêtus de notre uniforme et passant rue du Faubourg-Saint-Denis, avons rencontré deux jeunes gens qui tiraient des pétards dans ladite rue. Nous étant approchés d'eux, ils ont déclaré, sur notre demande, se nommer : le premier, Louis, âgé de quinze ans, et le second, Eugène, âgé de seize ans, l'un et l'autre fils du sieur A..., marchand de vins, rue du Faubourg-Saint-Denis, n° 16. Les ayant conduits chez ce dernier, ils ont été par lui reconnus pour être ses enfants. Ce fait constituant une contravention à l'art. 77 de l'ordonnance de police du 8 août 1829, et leur père étant civilement responsable, nous avons déclaré aux uns et aux autres que nous dresserions contre eux procès-verbal.

De ce que dessus avons rédigé le présent procès-verbal, pour être remis au commandant de la compagnie, conformément à l'art. 27 du règlement du 30 avril 1883.

Fait et clos à Paris, les jour, mois et an que dessus.

(Signatures des gardes.)

Ce procès-verbal doit être visé pour timbre et enregistré en débet dans les quatre jours de sa date.

Il est défendu de tirer sur la voie publique des pétards, fusées et autres pièces d'artifice (art. 77 de l'ord. de police du 8 août 1829).

Seront punis d'amende depuis 1 fr. jusqu'à 5 fr. inclusivement, ceux qui auront contrevenu aux règlements légalement faits par l'autorité administrative, et ceux qui ne se seront pas conformés aux règlements ou arrêtés publiés par l'autorité municipale en vertu des lois (art. 471 n° 15 du Code pénal).

Le père, et la mère après le décès du mari, sont responsables du dommage causé par leurs enfants mineurs habitant avec eux (art. 1384 du Code civil).

Le père, déclaré responsable d'une contravention de simple police imputée à ses enfants, ne peut être condamné qu'à des réparations civiles, c'est-à-dire au payement des frais et aux dommages et intérêts (cass., 4 sept. 1823).

La responsabilité est restreinte aux dommages-intérêts et aux dépens seulement (cass., 24 mars 1855).

ATTROUPEMENTS.

N° **13**. — *La loi du 7 juin 1848 contient les dispositions suivantes :*

Art. 1er. Tout attroupement armé formé sur la voie publique est interdit. — Est également interdit, sur la voie publique, tout attroupement non armé qui pourrait troubler la tranquillité publique.

Art. 2. L'attroupement est armé : 1° quand plusieurs des individus qui le composent sont porteurs d'armes apparentes ou cachées; 2° lorsqu'un seul de ces individus, porteur d'armes apparentes, n'est pas immédiatement expulsé de l'attroupement par ceux-là mêmes qui en font partie.

Art. 3. Lorsqu'un attroupement armé ou non armé sera formé sur la voie publique, le maire ou l'un de ses adjoints, à leur défaut, le commissaire de police ou tout autre agent dépositaire de la force publique et du pouvoir exécutif, portant l'écharpe tricolore, se rendra sur le lieu de l'attroupement. Un roulement de tambour annoncera l'arrivée de ce magistrat. Si l'attroupement est armé, le magistrat lui fera sommation de se retirer. Cette première sommation restant sans effet, une seconde sommation, précédée d'un roulement de tambour, sera faite par ce magistrat. — En cas de résistance, l'attroupement sera dissipé par la force. — Si l'attroupement est sans armes, le magistrat, après le premier roulement de tambour, exhortera les citoyens à se disperser. S'ils ne se retirent pas, trois sommations seront successivement faites. — En cas de résistance, l'attroupement sera dissipé par la force.

Les autres dispositions de cette loi établissent les différentes peines à prononcer, suivant qu'il y a crime ou délit, et statuent que les poursuites pour les délits et crimes d'attroupements seront portées devant la Cour d'assises.

BAIGNEURS.

N° **14**. — *Procès-verbal constatant qu'un individu s'est baigné en pleine eau, dans la Seine, ou dans les canaux Saint-Martin, Saint-Denis, de l'Ourcq, ou dans le bassin de la Villette.*

Cejourd'hui... mil huit cent..., à trois heures du soir, nous, soussigné, Charles-Marie V..., garde à la 3e compagnie du 2e bataillon de la garde républicaine, caserné à la Banque, revêtu de notre uniforme, et nous trouvant sur le quai de la Gare, pour y exercer notre surveillance sur les baigneurs, avons remarqué qu'un individu, à nous inconnu, se baignait nu en pleine Seine, à la vue des passants. Nous étant approché de lui, au moyen de notre bachot, nous l'avons sommé de sortir de l'eau et de se rhabiller de suite. Pour ne point compromettre sa sûreté par l'inquiétude de nos poursuites, nous sommes allé l'attendre près de ses vêtements, à sa sortie de l'eau. Après qu'il se fut habillé, nous lui avons demandé ses nom, prénoms, âge, profession et demeure. Sur son refus de nous les faire connaître, nous l'avons conduit devant M. le commissaire de police du quartier, à qui il déclara se nommer Benoît C..., être cloutier, âgé de vingt-neuf ans, et demeurer rue des Prêtres-Saint-Paul, n° 42. M. le commissaire, après s'être assuré de l'exactitude des déclarations de l'inculpé, l'a mis en liberté.

Et attendu que les faits ci-dessus rapportés constituent, à la charge dudit Benoît C..., contravention à l'art. 330 du Code pénal et à l'ordonnance de M. le préfet de police en date du...., nous lui avons déclaré procès-verbal. *(Ces ordonnances sont renouvelées presque tous les ans, dans les mêmes termes. Il convient d'indiquer la plus récente.)*

De ce que dessus, avons rédigé le présent procès-verbal pour être remis en double expédition au commandant de la compagnie, conformément à l'art. 27 du règlement du 30 avril 1883.

Fait et clos à Paris, les jours, mois et an que dessus.

Ce procès-verbal doit être visé pour timbre et enregistré en débet dans les quatre jours de sa date.

Toute personne qui aura commis un outrage public à la pudeur sera punie d'un emprisonnement de trois mois à un an, et d'une amende de 16 fr. à 200 fr. (art. 330 du Code pénal).

Il est défendu : 1° de se baigner *nu* en rivière dans l'étendue du ressort de la préfecture de police; 2° de se baigner en rivière dans l'intérieur de Paris, si ce n'est dans les bains ou écoles de natation autorisés.

Il est défendu de se baigner dans le canal Saint-Martin et dans le bassin de la Villette.

Les contrevenants seront arrêtés et conduits à la préfecture de police (art. 1er de l'ord. de M. le préfet de police en date du 28 mai 1839).

Non seulement les sous-officiers, brigadiers et gardes constatent les contraventions commises, mais encore il est de leur devoir de les prévenir et de les empêcher, en faisant rhabiller les individus qui tenteraient de se baigner. Il convient également d'expulser les enfants, et de ne pas poursuivre les baigneurs de manière à leur faire courir des dangers en les effrayant. Les personnes qui feraient résistance ou refuseraient de se conformer aux prescriptions des gardes devront être par eux conduites devant le commissaire de police du quartier.

Il est défendu de se baigner en rivière, dans l'étendue du ressort de la préfecture de police, ailleurs que dans les établissements de bains et sur les points désignés ci-après, savoir :

En Seine (rive droite).

A Maisons-Alfort, sur une étendue de 40 mètres à partir d'environ 200 mètres, en aval du barrage du Port-à-l'Anglais.

(Rive gauche).

A Vitry, à partir de la rue Constantin, sur une étendue de 50 mètres en aval.

A Puteaux : 1° le long de l'île Rothschild, seulement avant huit heures du matin et après huit heures du soir;

2° A l'abreuvoir, après neuf heures du soir.

A Nanterre, vis-à-vis de l'île Chatou-Carrière.

En Marne (rive droite).

A Nogent, entre la prise d'eau et le pont qui réunit l'île à l'îlot de Beauté.

A Saint-Maur, dans le grand bras, à 80 mètres environ en amont du pont de Créteil.

(Rive gauche).

A Bry, à 400 mètres en amont du village lieudit le Plaquis.

A Champigny, à 70 mètres en amont de l'île de Martin-Pêcheur.

A Créteil, dans le bras du Chapitre :

1° Sur une étendue de 75 mètres à partir de 25 mètres en aval du premier moulin;

2° En aval de l'abreuvoir (art. 1er de l'ord. de police du 28 mai 1883).

Il est défendu de se baigner *nu* en rivière et de se tenir hors de l'eau sans être décemment couvert (art. 2 de l'ord. précitée).

Défense est faite à tout individu de s'établir pour la garde des effets ou la location de linge et caleçons en dehors des limites indiquées pour les baignades (art. 3 de l'ord. précitée.)

A Paris, les baignades dites pleine-eau sont absolument interdites (art. 4 de l'ord. précitée).

Les baignades en pleine-eau hors Paris ne pourront avoir lieu qu'avec l'autorisation spéciale du préfet de police et sous la conduite des mariniers permissionnés à cet effet.

Les bachots servant à ces baignades devront être surmontés d'une tente quand les baigneurs se déshabilleront à bord (art. 5 de l'ord. précitée).

Tout conducteur d'embarcation servant aux baignades en pleine-eau ne pourra s'approcher à moins de 30 mètres de distance des bateaux à vapeur en cours de navigation; la même interdiction est applicable à tout baigneur en rivière (art. 6 de ladite ordonnance).

Il est formellement interdit de se baigner dans les canaux de l'Ourcq, Saint-Denis, Saint-Martin, et dans les canaux de la Marne, situés dans le ressort de la préfecture de police (art. 7 de l'ord. précitée).

Nul ne pourra conduire des chevaux ou autres animaux sur les emplacements affectés aux baignades publiques (art. 8 de l'ord. précitée).

Sera en contravention :

Quiconque, à Paris, se livrera à des baignades dites pleine-eau ou se baignerait dans les canaux du ressort de la préfecture de police;

Quiconque se baignera *nu* en rivière;

Quiconque se livrera à des baignades en pleine-eau hors Paris, sans une autorisation et sans être accompagné de mariniers commissionnés à cet effet (art. 45 nos 26 et 27 de l'instr. du 30 avril 1883 sur le service municipal de la garde républicaine).

BALADINS.

N° 15. — *Procès-verbal constatant qu'un faiseur de tours d'adresse ou de force a exercé son industrie sur une place publique autre que celles à ce désignées.*

Cejourd'hui... mil huit cent..., à deux heures du soir, nous, soussignés, Louis M... et Philippe N..., gardes au 6e escadron de la garde républicaine, casernés rue de Tournon, revêtus de notre uniforme, et passant rue de Richelieu, avons aperçu un faiseur de tours qui s'était installé près de la fontaine Molière et gênait la circulation. Nous nous sommes assurés, par l'exhibition qu'il nous en a faite, qu'il était porteur d'un permis et d'une médaille à lui délivrés par M. le préfet de police, mais considérant qu'il exerçait son industrie en une rue autre que celles à ce affectées, nous l'avons conduit devant M. le commissaire de police du quartier, à qui il a déclaré se nommer Jules V..., être faiseur de tours, et demeurer rue..., n°.... Ce magistrat s'étant assuré de l'exactitude de la déclaration de l'inculpé, l'a mis en liberté.

Attendu que les faits ci-dessus rapportés constituent, de la part dudit V..., contravention à l'ordonnance de police, nous avons rédigé contre lui le présent procès-verbal pour être remis en double expédition au commandant de l'escadron, conformément à l'art. 27 de l'instruction du 30 avril 1883.

Fait et clos à Paris, les jour, mois et an que dessus.

(Signatures des gardes verbalisants.)

Ce procès-verbal doit être visé pour timbre et enregistré en débet dans les quatre jours de sa date.

Les dispositions de l'ordonnance de police du 28 février 1863, qui autorise les saltimbanques, joueurs d'orgue, musiciens et chanteurs ambulants à stationner sur les divers points de la voie publique dans Paris, pour y exercer leur profession, sont et demeurent rapportées (art. 1er de l'ord. de police du 20 avril 1881).

Aux termes de l'art. 2 de cette ordonnance, il n'est fait exception que pour les jours de fêtes publiques, conformément à l'art. 9 de l'ordonnance du 28 février 1863, lequel est ainsi conçu :

« Lorsque les saltimbanques, joueurs d'orgue, musiciens et chanteurs ambulants voudront stationner à l'occasion des fêtes publiques qui ont lieu à Paris et dans les communes rurales du ressort de la préfecture de police, ils devront en demander l'autorisation aux commissaires de police des localités où se tiennent les fêtes et justifier de leur permission. Ces dispositions profiteront également aux saltimbanques, bateleurs, joueurs d'orgue, musiciens et chanteurs, porteurs de permissions spéciales délivrées par le préfet du département où ils sont domiciliés. »

Les infractions aux mesures qui précèdent seront constatées par des procès-verbaux ou rapports qui seront transmis à la préfecture de police.

Les contrevenants pourront, en outre, être privés, soit temporairement soit définitivement, de leurs permissions (art. 3 de l'ord. du 20 avril 1881).

Les saltimbanques, joueurs d'orgue, musiciens et chanteurs ambulants, ne pourront en temps ordinaire stationner sur la voie publique.

Les commissaires de police leur accordent des permissions à l'occasion des fêtes publiques qui ont lieu à Paris et dans les communes rurales du ressort de la préfecture de police (art. 45 n° 37 de l'instr. du 30 avril 1883 sur le service municipal et journalier de la garde républicaine).

BALS PARTICULIERS.

Les sous-officiers brigadiers ou gardes commandés pour un bal, soit aux divers ministères, soit à des hôtels particuliers, doivent se concerter avec les maîtres de maison ou leurs délégués pour les dispositions à l'intérieur, tant pour l'entrée que pour la sortie des voitures. Les cavaliers seront toujours à cheval au moment de l'entrée et de la sortie. Quant à l'ordre à établir à l'extérieur, s'il y a un officier de paix sur les lieux, ils reçoivent de lui les instructions nécessaires, sinon ils veillent à ce que la rue, principalement en face de la porte de l'hôtel par où les voitures entrent et sortent, ne soit pas encombrée. Ils font en sorte que le public conserve toujours des moyens de circulation, et qu'aucun particulier n'ait à se plaindre d'être empêché de se rendre chez lui en voiture parce qu'il aura plu à son voisin de donner une fête.

Les cartes de circulation, délivrées par le préfet de police, permettent aux personnes qui en sont pourvues de couper les files et de faire stationner leur voiture aux endroits réservés.

Les sous-officiers et gardes doivent apporter, dans l'exécution de ce service, tout le zèle et l'intelligence nécessaires pour maintenir l'ordre et éviter les accidents (art. 70 et 71 de l'instr. du 30 avril 1883 sur le service journalier et municipal de la garde républicaine).

BALS PUBLICS.

N° **16**. — *Procès-verbal constatant qu'un entrepreneur de bal public a reçu dans son établissement, sans autorisation, des personnes masquées.*

Cejourd'hui... mil huit cent..., à onze heures du soir, nous, Hector D..., maréchal des logis, et Paul V..., garde, l'un et l'autre à la 2e compagnie du 1er bataillon de la garde républicaine, casernés à Lobau, revêtus de notre uniforme, étant de service pour la surveillance des bals publics, et nous trouvant sur le boulevard du Mont-Parnasse, avons remarqué que le sieur Pierre B..., marchand de vins traiteur sur ledit boulevard, n° 7, autorisé à faire danser dans son établissement, y avait reçu des personnes masquées qui s'y trouvaient au nombre de douze. Lui ayant demandé s'il y avait été autorisé, il nous a répondu qu'il avait pensé n'avoir pas, pour cela, besoin de permission particulière, puisqu'il avait été autorisé à tenir un bal public. Nous lui avons fait observer qu'il ne pouvait recevoir dans son bal des personnes masquées, sans en avoir préalablement obtenu l'autorisation, et lui avons déclaré procès-verbal pour contravention à l'art. 8 de l'ordonnance de police du 31 mars 1833.

De ce que dessus nous avons rédigé le présent procès-verbal, pour être remis en double expédition au commandant de la compagnie, conformément à l'art. 27 de l'instruction du 30 avril 1883.

Fait et clos à Paris, les jour, mois et an que dessus.

(Signatures des gardes.)

Ce procès-verbal doit être visé pour timbre et enregistré en débet dans les quatre jours de sa date.

Les gardes ne doivent recevoir de consigne que de leur chef de poste, qui se concerte avec le directeur de l'établissement, conformément aux prescriptions de l'art. 47 de l'instruction du 30 avril 1883 sur le service journalier et municipal de la garde républicaine. Ils devront se conformer aussi aux art. 67, 68 et 69 de ladite instruction.

Les entrepreneurs de bals, de danses, de concerts, de banquets et de fêtes publiques ne pourront recevoir dans leur établissement aucune personne masquée, déguisée ou travestie. Toutefois, cette défense pourra être momentanément suspendue pendant le temps du carnaval; mais cette suspension ne pourra résulter que d'une permission expresse délivrée par la préfecture de police, qui désignera les établissements où il sera permis de se présenter déguisé ou travesti, et qui fixera les heures de clôture des réunions (art. 8 de l'ord. de police du 31 mars 1833).

La contravention constatée par le présent procès-verbal est punie d'une amende, depuis 1 fr. jusqu'à 5 fr. inclusivement, par l'art. 471 n° 15 du Code pénal.

L'autorité municipale et, à Paris, le préfet de police, sont compétents pour défendre l'ouverture des bals sans autorisation préalable. Un règlement de cette nature est obligatoire; il rentre dans les dispositions des lois des 24 août 1790 et 22 juillet 1791 (arrêts de cass. des 6 janv. 1834, 14 août 1865 et 4 mai 1866).

N° 17. — *Procès-verbal constatant que des bals, concerts, danses, banquets et fêtes publiques ont été donnés sans en avoir préalablement obtenu l'autorisation de la préfecture de police.*

Toutes personnes donnant des *bals, concerts, danses, banquets et fêtes publiques*, où l'on est admis indistinctement, soit à prix d'argent, soit par souscription ou par cachets, billets, abonnement, et enfin par tout autre mode qui donnerait à ces réunions un caractère public, ainsi que tous marchands de vins, cabaretiers, traiteurs, maîtres de danse, propriétaires de cafés, estaminets, redoutes, wauxhalls, guinguettes et autres lieux publics, dont les établissements sont situés dans la ville de Paris et dans les communes rurales du département de la Seine, ainsi que celles de Saint-Cloud, Sèvres et Meudon, ne pourront, en aucun temps, ouvrir des bals ni donner des concerts, banquets et fêtes publiques, qu'après en avoir préalablement obtenu l'autorisation du préfet de police (art. 1er de l'ord. de police du 31 mai 1833).

Cette contravention est punie d'amende, depuis 1 fr. jusqu'à 5 fr. inclusivement, par l'art. 471 n° 15 du Code pénal. La peine d'emprisonnement a toujours lieu, en cas de récidive, pendant trois jours au plus (art. 474 dudit Code).

N° 18. — *Procès-verbal constatant la prolongation, après minuit, de bals, de concerts, banquets et fêtes publiques.*

Ces réunions ne pourront se prolonger au delà de *minuit*, à moins d'une permission spéciale qui autorise à prolonger les danses plus avant dans la nuit (art. 69 de l'instr. précitée du 30 avril 1883) sur le service de la garde républicaine.

Cette contravention est punie d'amende, depuis 1 fr. jusqu'à 5 fr. inclusivement, par l'art. 471 n° 15 du Code pénal. En cas de récidive, l'emprisonnement, pendant trois jours au plus, a toujours lieu, en vertu de l'art. 474 du même Code.

BESTIAUX SANS CONDUCTEUR.

N° **19**. — *Procès-verbal rapporté contre un conducteur de bœufs qui, en traversant Paris, ne se tenait pas à portée de diriger son troupeau pour éviter tous dommages et accidents.*

Cejourd'hui... mil huit cent..., à sept heures du soir, nous, Paul R..., maréchal des logis, et Louis P..., garde au 2e escadron de la garde républicaine, casernés rue de Tournon, revêtus de notre uniforme, et passant dans la rue d'Enfer, avons rencontré un troupeau de bœufs dont le conducteur était resté fort en arrière, occupé à causer à la porte d'un marchand de vins, de sorte qu'il ne pouvait ni garder ses bœufs, ni les empêcher de commettre du dommage ou de faire des blessures aux passants. Ayant arrêté ce troupeau dans sa marche, nous avons sommé le conducteur de le joindre et de ne plus s'en éloigner. L'ayant invité à nous exhiber ses papiers, il nous a remis un livret, et nous y avons reconnu qu'il se nomme Eugène G..., âgé de quarante-cinq ans, domestique du sieur M..., marchand de bœufs, rue des Trois-Couronnes, n° 107, à Paris.

Et, attendu que le fait ci-dessus rapporté constitue une contravention à l'art. 475 n° 3 du Code pénal, nous lui avons déclaré procès-verbal.

De ce que dessus nous avons rédigé le présent procès-verbal, pour être remis en double expédition au commandant de l'escadron, conformément à l'art. 27 de l'instruction du 30 avril 1883.

Fait et clos à Paris, les jour, mois et an que dessus.

(Signatures des gardes verbalisants.)

Ce procès-verbal doit être visé pour timbre et enregistré en débet dans les quatre jours de sa date.

Seront punis d'amende depuis 6 fr. jusqu'à 10 fr. inclusivement, les rouliers, charretiers, conducteurs de voitures quelconques ou de bêtes de charge qui auraient contrevenu aux règlements par lesquels ils sont obligés de se tenir constamment à portée de leurs chevaux, bêtes de trait ou de charge, et de leurs voitures, et en état de les guider (art. 475 n° 3 du Code pénal et instr. sur le service journalier et municipal du 30 avril 1883, art. 45 n° 8).

BLESSURES PAR IMPRUDENCE OU NÉGLIGENCE.

N° **20**.—*Procès-verbal constatant qu'un individu a occasionné des blessures en laissant, par négligence, divers objets exposés devant sa maison.*

Cejourd'hui... mil huit cent..., à six heures du soir, nous soussignés, Denis B..., maréchal des logis, et Louis F..., garde, tous deux à la 4e compagnie du 1er bataillon de la garde républicaine, casernés rue de la Banque, revêtus de notre uniforme, et passant dans la rue d'Angoulême, en face la maison n° 85, avons été requis par le sieur Prosper R..., propriétaire, rue Hillerin-Bertin, n° 10, de constater que le sieur Lucien D..., serrurier en voitures, demeurant en ladite rue d'Angoulême, n° 85, ayant laissé sur le trottoir de sa boutique divers outils de son état, et notamment une enclume, avait été cause que ledit R... avait fait une chute et s'était fait plusieurs blessures en tombant au milieu des outils qui encombraient le passage, et qu'il n'avait pu voir en raison de l'obscurité déjà assez prononcée de la nuit. Nous étant approchés de la maison dudit D..., nous avons remarqué qu'en effet une enclume, deux barreaux ou leviers en fer, et un lourd marteau se trouvaient encore déposés sur le trottoir. Quelques gouttes de sang, provenant d'une blessure que le sieur R... avait à la tête, tachaient les dalles du trottoir, et il nous déclara que c'était en cet endroit qu'il venait de se faire diverses blessures, dont une au genou droit, une au bras gauche, et la plus grave à la tête, qui avait frappé le bout pointu de l'enclume.

Le sieur D..., étant survenu, nous a dit qu'il regrettait beaucoup l'accident qui venait d'arriver, qu'il reconnaissait avoir eu tort de laisser ainsi momentanément devant sa porte des objets, qui, en raison de l'obscurité, pouvaient être cause de blessures plus ou moins graves.

Attendu que les faits ci-dessus rapportés constituent le délit de blessures par imprudence, prévu par l'art. 319 du Code pénal, nous avons rédigé le présent procès-verbal, qui sera remis au commandant de la compagnie, conformément à l'art. 27 de l'instruction du 30 avril 1883.

Fait et clos à Paris, les jour, mois et an que dessus.

(Signatures des gardes verbalisants.)

Ce procès-verbal doit être visé pour timbre et enregistré en débet dans les quatre jours de sa date.

Quiconque, par maladresse, imprudence, inattention, négligence ou inobservation des règlements, aura commis involontairement un homicide ou en aura été la cause, sera puni d'un emprisonnement de trois mois à deux ans, et d'une amende de 50 fr. à 600 fr. (art. 319 du Code pénal).

S'il n'est résulté du défaut d'adresse ou de précaution que des blessures ou coups, l'emprisonnement sera de six jours à deux mois, et l'amende de 16 fr. à 100 fr., ou de l'une de ces deux peines seulement (art. 320 dudit Code modifié par la loi du 13 mai 1863).

La première des fautes prévues par la loi est la maladresse. Sous cette expression viennent se ranger deux classes de faits : les uns résultant d'une maladresse purement matérielle : ainsi le maçon qui laisse tomber une pierre, l'ouvrier qui en abattant un arbre écrase un passant, l'architecte dont l'échafaudage mal attaché s'écroule (cass., 8 mars 1869) ; les autres qui résultent de l'impéritie ou de l'ignorance (cass., 21 nov. 1856). La loi n'admet pas l'ivresse pour excuse (cass., 2 oct. 1812 et 18 mai 1815).

BLESSURES OU COUPS VOLONTAIRES.

N° 21. — *Procès-verbal constatant l'arrestation d'un individu qui a volontairement fait des blessures à un autre.*

Cejourd'hui... mil huit cent..., à trois heures du soir, nous soussignés, Hector L... et Louis S..., tous deux gardes à la 2e compagnie du 3e bataillon de la garde républicaine, casernés à Napoléon, revêtus de notre uniforme, passant sur la place Maubert, avons aperçu un rassemblement occasionné par deux individus qui se battaient. Nous en étant approchés, nous les avons séparés et avons reconnu que l'un d'eux avait la figure couverte de sang et se trouvait atteint, au côté gauche de la tête, de deux blessures d'où s'échappait le sang qui souillait sa face et ses vêtements. Le blessé nous a déclaré se nommer Antoine P..., être âgé de vingt-trois ans, commissionnaire, et demeurer rue des Noyers, n° 7. — L'autre nous a dit se nommer Claude S..., être âgé de vingt-sept ans, également commissionnaire, et demeurer rue Galande, n° 21. — Il résulte de la déclaration du blessé, ainsi que de celles des sieurs Jean M..., marchand épicier, place Maubert, n° 48, et Louis L.... marchand fruitier, même place, n° 52, que, quelques instants avant notre arrivée, une querelle s'était élevée entre lesdits P... et S..., à l'occasion d'un ballot que ledit M..., marchand épicier, voulait envoyer au chemin de fer, et qu'après un échange de paroles grossières S... avait porté à P... deux coups de bâton qui ont été suivis d'effusion de sang et de la chute dudit P..., qui s'est relevé avec peine pour se soustraire aux violences de son adversaire, qui paraissait disposé à continuer ses mauvais traitements, lorsque nous sommes accourus. S..., par nous interrogé, n'a point nié les faits, seulement il s'en est excusé sur ce que, P... venant de faire une course, il lui paraissait juste qu'à son tour il en fît une.

Les faits ci-dessus rapportés constituant un délit passible de peines correctionnelles, nous avons sommé ledit S... de nous suivre chez M. le commissaire de police du quartier. Ce magistrat, après interrogatoire, nous a requis de le conduire devant M. le procureur de la République, qui l'a fait déposer en la maison de justice.

De ce que dessus, nous avons rédigé le présent procès-verbal, pour être remis avec le reçu ci-joint au commandant de la compagnie, conformément à l'art. 27 de l'instruction du 30 avril 1883.

Fait et clos à Paris, les jour, mois et an que dessus.

(Signatures des gardes.)

(Signalement.)

Ce procès-verbal doit être visé pour timbre et enregistré en débet dans les quatre jours de sa date.

Tout individu qui, volontairement, aura fait des blessures ou porté des coups, ou commis toute autre violence ou voie de fait, s'il est résulté de ces sortes de violences une maladie ou incapacité de travail personnel pendant plus de vingt jours, sera puni d'un emprisonnement de deux ans à cinq ans et d'une amende de 16 fr. à 2,000 fr. Il pourra, en outre, être privé des droits mentionnés en l'art. 42 du Code pénal, pendant cinq ans au moins et dix ans au plus, à compter du jour où il aura subi sa peine. Si les coups portés ou les blessures faites volontairement, mais sans intention de donner la mort, l'ont pourtant occasionnée, le coupable sera puni des travaux forcés à temps (art. 309 du Code pénal).

Lorsque les blessures et coups n'auront occasionné aucune maladie ou incapacité de travail personnel de l'espèce mentionnée en l'art. 309, le coupable sera puni d'un emprisonnement de deux mois à deux ans, et d'une amende de 16 fr. à 200 fr.

S'il y a eu préméditation ou guet-apens, l'emprisonnement sera de deux à cinq ans, et l'amende de 50 fr. à 500 fr. (art. 312 du Code pénal).

Le fait d'avoir jeté sur quelqu'un un corps dur, tel qu'une pierre, rentre, lorsqu'il en est résulté des coups et blessures, dans les prévisions de l'art. 311 ou 320 du Code pénal, suivant que les blessures ont été volontaires ou involontaires (cass., 21 mars 1868).

Le fait d'avoir renversé violemment à terre un individu constitue, non une violence légère, dans le sens de celles que les art. 605 et 606 du Code du 3 brumaire an IV répriment d'une peine de simple police, mais l'une des violences que l'art 311 modifié du Code pénal punit de peines correctionnelles (cass., 30 avril 1869 et art. 35 n° 2 de l'instr. du 30 avril 1883 du service municipal et journalier de la garde républicaine).

Les gardes doivent arrêter et conduire devant le commissaire de police les individus qui seraient trouvés exerçant des violences ou des voies de fait contre les personnes.

BOUCHERS.

N° **22**. — *Procès-verbal constatant qu'un boucher a placé des supports sous ses balances, et a, par ce moyen, trompé l'acheteur sur le poids de la marchandise.*

Cejourd'hui... mil huit cent..., à... heures du matin *(ou du soir)*, nous, soussignés, Paul M..., maréchal des logis, et Alexandre N..., garde, tous les deux à la 2e compagnie du 1er bataillon de la garde républicaine, casernés rue Lobau, revêtus de notre uniforme, et passant rue..., avons remarqué au n°... un rassemblement devant la boutique du sieur G..., marchand boucher. Nous en étant approchés, une femme est venue à nous et nous a déclaré qu'ayant acheté et payé deux kilogrammes de bœuf, et soupçonnant ensuite que le morceau ne pesait pas le poids pour lequel il lui avait été vendu, elle avait demandé que sa viande fût pesée une seconde fois, et que ledit sieur G..., boucher, s'y refusait.

Après nous être fait remettre par la plaignante le bulletin qui lui avait été délivré, et qui portait, en effet, deux kilogrammes de bœuf, nous avons requis le boucher de faire droit à la demande qui lui avait été adressée. Il déféra à notre invitation, et alors nous avons remarqué que ses balances étaient placées sur des supports, ce qui gênait la liberté de leurs mouvements et devait naturellement porter préjudice à l'acheteur. Ayant fait porter ledit morceau de viande chez le sieur V..., marchand épicier voisin, nous avons reconnu qu'il y avait quarante grammes de moins. Après avoir fait ajouter ce qui manquait, la plaignante nous a déclaré, sur notre demande, se nommer Louise B..., être domestique à gages chez le sieur R..., rue..., n°...

Nous avons alors déclaré audit G..., boucher, qu'ayant commis le délit de tromperie sur la quantité de la marchandise vendue, nous lui déclarions procès-verbal.

De ce que dessus avons rédigé le présent procès-verbal pour être remis en double expédition au commandant de la compagnie, conformément à l'article 27 du règlement du 30 avril 1883.

Fait et clos à Paris, les jours, mois et an que dessus.

(Signatures des gardes.)

Ce procès-verbal doit être visé pour timbre et enregistré en débet dans les quatre jours de sa date.

Le fait constaté tombe sous l'application de la loi du 27 mars 1851 et l'art. 423 du Code pénal.

N° **23**. — *Procès-verbal constatant l'exposition et la vente de viande corrompue ou insalubre.*

Cejourd'hui... mil huit cent..., à... heures du matin *(ou du soir)*, nous, soussignés, Louis R..., brigadier, et Jacques S..., garde, tous les deux au 1er escadron de la garde républicaine, casernés aux Célestins, revêtus de notre uniforme, et passant rue de..., avons remarqué, suspendus et exposés en vente, au-devant de la boutique du sieur B..., marchand boucher en ladite rue, n°..., plusieurs morceaux de bœuf *(ou autre viande)* qui exhalaient une odeur très prononcée de viande corrompue. Etant entrés chez ce boucher, nous avons trouvé sa femme, qui, dans sa boutique, était occupée à faire une pesée de viande semblable, et en livrait, à une fille de service, environ trois kilogrammes.

Aux observations par nous faites à la femme B..., elle a prétendu que ce bœuf était de bonne qualité et n'avait aucun mauvais goût. Alors, nous avons prié le sieur P..., vétérinaire, demeurant rue de..., n°..., de se livrer à l'examen des viandes dont il s'agit ; y ayant procédé en notre présence, il nous a déclaré que, sur six morceaux de bœuf exposés en vente, quatre se trouvaient dans un état de putréfaction très avancée, et que, sur trois quartiers de mouton suspendus à l'étal, deux présentaient le même degré de décomposition, qu'il y aurait danger à se nourrir de ces viandes, et qu'il était nécessaire d'en interdire la vente.

Dans ces circonstances, nous en avons référé à M. le commissaire de police du quartier, qui, sur le rapport à lui fait par ledit sieur P..., vétérinaire, a ordonné que lesdites viandes seraient saisies et enfouies au lieu désigné pour l'abatage des animaux, ce qui a été effectué, en notre présence et en celle dudit sieur P..., par les soins du nommé M..., à ce préposé par le commissaire de police.

De ce que dessus nous avons dressé le présent procès-verbal pour être remis en double expédition au commandant de l'escadron, conformément à l'art. 27 du règlement du 30 avril 1883.

Fait et clos à Paris, les jour, mois et an que dessus.

(Signatures des gardes.)

Ces faits constituent un délit passible des peines édictées par la loi du 27 mars 1851.

BOULANGERS.

Par décret du 22 juin 1863 la boulangerie est libre, mais elle est soumise aux règles tracées par la loi du 27 mars 1851, relative à la fraude dans la vente des denrées alimentaires. Lorsque les boulangers sont en contravention à un règlement de police ou à la loi de 1851, il y a lieu de dresser procès-verbal contre eux.

(V. à l'article *Tromperie sur la vente des marchandises*, la loi du 27 mars 1851.)

D'après l'ordonnance de M. le préfet de police du 14 novembre 1867, la vente du pain, dans tout le ressort de la préfecture de police, se fera au poids constaté entre le vendeur et l'acheteur, soit qu'elle s'applique à des pains entiers, soit qu'elle porte sur des fractions de pain (art. 1er).

Les boulangers sont tenus de peser, en le livrant, le pain qu'ils vendront dans leur boutique, sans qu'il soit besoin d'aucune réquisition de la part de l'acheteur (art. 2).

Les contraventions aux dispositions qui précèdent seront constatées par des procès-verbaux (art. 3).

L'arrêté municipal qui fixe la taxe du pain est obligatoire dès l'instant où cette taxe a été légalement faite et publiée (cass., 18 nov. 1833).

Le boulanger qui altère frauduleusement les marques de la taille et de la contre-taille constatant les quantités de pain par lui livrées à l'une de ses pratiques commet une filouterie punissable de peines correctionnelles (arrêt de la Cour d'appel de Paris du 3 mars 1834).

La circonstance que des pains qui avaient été exposés en vente dans la boutique d'un boulanger ont été vendus non par lui, mais par sa femme ou ses domestiques, n'empêche pas qu'il ne doive être considéré comme étant lui seul auteur du délit, lorsque sa femme ou ses domestiques n'étaient que des intermédiaires préposés à la vente de la marchandise (cass., 11 nov. 1851).

Le boulanger qui refuse à un particulier de lui vendre du pain au prix fixé par le tarif commet la contravention prévue et punie par l'art. 471 n° 15 du Code pénal. Le contrevenant ne peut être renvoyé de la plainte par le motif qu'il n'existe pas dans la localité de règlement municipal relatif à la boulangerie (cass., 20 juin 1846). Un boulanger a le droit de vendre son pain au-dessous de la taxe.

Lorsqu'un arrêté municipal enjoint aux boulangers de peser les pains en les vendant l'inexécution de cet arrêté constitue une contravention distincte de celle de l'art. 479 n° 16 du Code pénal, consistant à avoir vendu du pain au delà de la taxe.

Par conséquent, le tribunal de police ne peut se dispenser de réprimer chacune de ces contraventions lorsque le boulanger s'en est rendu coupable simultanément.

La faculté accordée aux consommateurs de faire peser les pains en leur présence ne peut dispenser les boulangers de se conformer aux prescriptions des règlements. Cette faculté serait une garantie insuffisante contre la fraude (cass., 12 mai 1849 et 14 juill. 1853).

Les boulangers sont tenus, sous peine d'amende, d'avoir toujours exposés dans leurs boutiques les poids et balances nécessaires à l'exercice de leur profession.

Un boulanger qui détient dans sa maison de commerce des farines avariées est punissable, surtout s'il en a fabriqué du pain; et ses farines gâtées ou nuisibles doivent être confisquées (cass., 29 avril 1847).

BOULEVARDS.

N° 24. — *Procès-verbal constatant qu'un individu a fait passer sa voiture à bras sur l'une des contre-allées du boulevard.*

Cejourd'hui... mil huit cent..., à dix heures du soir, nous, soussignés, Pierre M... et Louis B..., gardes à la 3e compagnie du 2e bataillon de la garde républicaine, casernés rue de la Banque, revêtus de notre uniforme, et passant boulevard des Batignolles, avons remarqué qu'un individu traînait à bras une voiture dans la contre-allée dudit boulevard. Nous en étant approchés, il a, sur notre demande, répondu se nommer Jules F..., être marchand ambulant, âgé de trente-quatre ans, et demeurer rue du Temple, n° 14, ainsi que nous nous en sommes assurés par l'inspection de la plaque de sa voiture. L'ayant fait retirer de cette partie du boulevard, nous lui avons déclaré procès-verbal pour contravention à l'ordonnance de police qui réserve les contre-allées aux piétons exclusivement.

De ce que dessus nous avons rédigé le présent procès-verbal pour être remis en double expédition au commandant de la compagnie, conformément à l'article 27 du règlement du 30 avril 1833.

Fait et clos à Paris, les jour, mois et an que dessus.

(Signatures des gardes.)

Ce procès-verbal est visé pour timbre et enregistré en débet dans les quatre jours de sa date.

Il est défendu de parcourir à cheval ou en voiture, même avec des voitures traînées à bras, les contre-allées des boulevards extérieurs de la capitale, et généralement toutes les parties des promenades publiques non closes réservées aux piétons (art. 78 de l'ord. de police du 8 août 1829, renouvelée par l'ord. du 9 mai 1831; instr. sur le service journalier et municipal de la garde républicaine du 30 avril 1833, art. 45 n° 29).

Les chevaux et voitures ne pourront, sous aucun prétexte, stationner dans les contre-allées (art. 70 de ladite ord.).

La contravention constatée par ce procès-verbal est punie d'amende depuis 1 fr. jusqu'à 5 fr. inclusivement par l'art. 471 n° 15 du Code pénal.

La peine d'emprisonnement a toujours lieu, en cas de récidive, pendant trois jours au plus (art. 474 du Code pénal).

BROCANTEURS.

N° **25**. — *Procès-verbal constatant qu'un brocanteur a exercé publiquement sa profession dans Paris et la banlieue, sans être muni du bulletin de son inscription à la préfecture de police.*

Ce fait constitue une contravention à l'art. 1er de l'ordonnance de police du 15 juin 1834, et est passible d'une amende depuis 1 fr. jusqu'à 5 fr. inclusivement, par application de l'art. 471 n° 15 du Code pénal. En cas de récidive, l'emprisonnement a toujours lieu pendant trois jours au plus, en vertu de l'art. 474 du même Code.

A Paris, les règlements de police obligent les brocanteurs à tenir un registre d'inscription des objets de leur commerce. Ailleurs, ils n'y sont pas astreints, la loi ne l'ordonnant pas.

BRUITS NOCTURNES.

N° **26**. — *Procès-verbal constatant un bruit nocturne de nature à troubler le repos des habitants.*

Cejourd'hui... mil huit cent..., à onze heures du soir, nous soussignés, Jean B..., maréchal des logis, et Louis P...., garde, l'un et l'autre à la 4e compagnie du 3e bataillon de la garde républicaine, casernés rue Mouffetard, passant rue de..., avons entendu que d'une chambre sise au deuxième étage de la maison n°..., et donnant sur la rue, partaient les sons bruyants d'un cor de chasse qui, par leurs éclats, troublaient le repos des voisins. Nous étant fait ouvrir la porte de ladite maison, et le portier nous ayant dit que c'était le sieur Alfred M... qui se permettait de sonner du cor, nous l'avons fait mander et l'avons sommé de cesser le tapage nocturne qu'il faisait avec son instrument, et, en même temps, lui avons déclaré procès-verbal pour contravention au Code pénal et à l'ordonnance de police, qui défendent de troubler la tranquillité des habitants.

De ce que dessus nous avons rédigé le présent procès-verbal pour être remis en double expédition au commandant de la compagnie, conformément à l'art. 27 de l'instruction du 30 avril 1883.

Fait et clos à Paris, les jour, mois et an que dessus.

(Signatures des gardes.)

Ce procès-verbal est visé pour timbre et enregistré en débet dans les quatre jours de sa date.

Il est défendu de jouer de tous instruments bruyants, tels que cors, trompettes, trombones et autres de même nature, capables de troubler le repos des habitants, savoir : de neuf heures du soir à quatre heures du matin depuis le 1er avril jusqu'au 30 septembre, et de neuf heures du soir à cinq heures du matin depuis le 1er octobre jusqu'au 31 mars (ord. de police du 31 oct. 1829 et d 30 sept. 1837).

Seront punis d'une amende de 11 fr. à 15 fr. inclusivement les auteurs ou complices de bruits ou tapages injurieux ou nocturnes troublant la tranquillité des habitants (art. 479 n° 8 du Code pénal; instr. sur le service journalier et municipal du 30 avril 1883, art. 45 n° 33. (V. *Tapage nocturne.*)

N° **27**. — *Procès-verbal constatant qu'un menuisier ou autre ouvrier de profession bruyante ou à marteau a travaillé dans sa boutique à une heure indue.*

Cejourd'hui... mil huit cent..., à huit heures du matin, nous soussignés, Pierre B..., et Louis L..., gardes à la 3ᵉ compagnie du 1ᵉʳ bataillon de la garde républicaine, casernés rue de la Banque, revêtus de notre uniforme, rentrant d'un service de nuit, et passant rue du... vers deux heures du matin, avons entendu les fréquents retentissements d'un fort marteau, et un grand bruit occasionné par plusieurs individus occupés à travailler au rez-de-chaussée de la maison n°... donnant sur la rue. Nous en étant approchés, nous avons reconnu, à l'aide de la lumière qui s'y trouvait, que le bruit était produit par un menuisier qui travaillait. Sur notre demande faite de l'extérieur en déclinant notre qualité, le maître de l'établissement a ouvert sa porte et déclaré se nommer Auguste M..., menuisier, demeurant en ladite maison, ajoutant que c'était lui qui travaillait et faisait travailler ses deux ouvriers parce que l'ouvrage pressait. Nous l'avons sommé d'interrompre ses travaux, et lui avons déclaré procès-verbal pour avoir contrevenu aux ordonnances de police et au Code pénal, qui défendent de troubler la tranquillité des habitants.

De ce que dessus nous avons rédigé le présent procès-verbal pour être remis en double expédition au commandant de la compagnie, conformément à l'art. 27 du règlement du 30 avril 1883.

Fait et clos à Paris, les jour, mois et an que dessus.

(*Signatures des gardes verbalisants.*)

Ce procès-verbal doit être visé pour timbre et enregistré en débet dans les quatre jours de sa date.

Les serruriers, forgerons, taillandiers, charrons, ferblantiers, chaudronniers, maréchaux ferrants, layetiers, et généralement tous les entrepreneurs, ouvriers ou autres exerçant dans Paris des professions qui exigent l'emploi de marteaux, machines et appareils susceptibles d'occasionner des percussions et un bruit assez considérable pour retentir au dehors des ateliers et troubler ainsi la tranquillité des habitants, doivent interrompre chaque jour leurs travaux, savoir : de neuf heures du soir à quatre heures du matin depuis le 1ᵉʳ avril jusqu'au 30 septembre, et de neuf heures du soir jusqu'à cinq heures du matin depuis le 1ᵉʳ octobre jusqu'au 31 mars (art. 1ᵉʳ de l'ord. de M. le préfet de police du 31 octobre 1829; instr. sur le service journalier et municipal du 30 avril 1883, art. 45 n° 33).

Il est également défendu de jouer de tous les instruments bruyants, tels que cor, trompette, trombone et autres de même espèce, capables de troubler le repos des habitants, en quelque lieu et à quelque heure que ce soit (ord. de police du 30 sept. 1831).

Seront punis d'une amende de 11 fr. à 15 fr. inclusivement les auteurs ou complices de bruits ou tapages troublant la tranquillité des habitants (art. 471 du Code pénal).

Seront punis d'amende depuis 1 fr. jusqu'à 5 fr. inclusivement, ceux qui auront contrevenu aux règlements légalement faits par l'autorité administrative, et ceux qui ne se seront pas conformés aux règlements ou arrêtés publiés par l'autorité municipale, en vertu des art. 3 et 4 (titre XI) de la loi du 24 août 1790 et de l'art. 46 (tit. Iᵉʳ) de la loi du 22 juillet 1791 (art. 471 n° 15 dudit Code).

CABARETS, CAFÉS

ET AUTRES DÉBITS DE BOISSONS A CONSOMMER SUR PLACE.

N° **28**. — *Procès-verbal constatant qu'un cafetier ou cabaretier a tenu son établissement ouvert après l'heure fixée sans l'autorisation du préfet de police.*

Le décret du 29 décembre 1851 défendant à tout individu d'ouvrir un café, cabaret ou autre débit de boissons à consommer sur place sans la permission de l'autorité administrative a été abrogé par la loi du 17 juillet 1880, qui règle les dispositions à prendre pour l'ouverture de ces établissements.

A Paris, sont en contravention aux ordonnances de police :

Les cafetiers, les marchands de vins et tous les débitants de boissons qui, sans autorisation spéciale du préfet de police, ont leurs établissements ouverts à une heure indue, ou même si, quoique ayant fermé, on est assuré qu'il existe une réunion chez eux. Dans ces deux cas, on doit se borner à déclarer procès-verbal au cabaretier, les gardes n'ayant pas qualité pour faire ouvrir la porte de l'établissement afin d'en faire sortir les personnes qui s'y trouvent, à moins qu'il n'y ait tapage ou danger pour quelqu'un à l'intérieur (art. 255 du décret du 1er mars 1854).

Tout café ou débit de boissons, sauf autorisation spéciale, doit fermer :

A minuit dans les communes rurales faisant partie du ressort de la préfecture de police, et à deux heures du matin dans l'intérieur de Paris.

L'heure de clôture des représentations théâtrales est fixée à minuit et demie, en tout temps, sauf autorisation spéciale.

Les débitants établis aux abords des Halles centrales, dans le périmètre formé par par le boulevard de Sébastopol et les rues Tiquetonne, Jean-Jacques-Rousseau, Saint-Honoré, du Louvre et de Rivoli, sont autorisés à conserver leurs établissements ouverts toute la nuit pendant toute l'année. Mais cette tolérance n'est accordée qu'à la condition expresse de n'avoir ouverte qu'une salle sur le devant, au rez-de-chaussée, et d'interdire toute espèce de jeux après deux heures du matin (art. 1er, 2 et 3 de l'ord. de police du 28 juin 1879 et art. 45 n° 22 de l'instr. du 30 avril 1883 sur le service municipal de la garde républicaine).

Voir *Marchands de vins*.

CANAL SAINT-MARTIN.

N° **29**. — *Procès-verbal constatant qu'un individu a jeté des animaux morts, des immondices ou autres objets dans le canal Saint-Martin.*

Cejourd'hui... mil huit cent..., à trois heures après midi, nous, soussignés, Pierre D... et Michel C..., gardes à la 6e compagnie du 2e bataillon de la garde républicaine, casernés rue Lobau, revêtus de notre uniforme, et passant sur le quai Valmy, avons aperçu un individu qui vidait dans le canal Saint-Martin un grand panier rempli de gravois provenant d'une démolition *(ou qui jetait dans le canal Saint-Martin un chien mort, etc.)*. Nous étant approchés de lui, il nous a dit, sur notre demande, se nommer Michel F..., être âgé de ... ans, et demeurer quai Valmy, n° 12, chez le sieur M..., marchand de vins traiteur, qu'il sert en qualité de domestique, et qui l'avait chargé de porter dans le canal ce que nous l'avons vu y jeter. Ledit sieur Michel F... nous ayant accompagnés chez le sieur M..., et ce dernier ayant convenu des faits ci-dessus rapportés, nous leur avons déclaré procès-verbal à tous les deux, l'un comme auteur, l'autre comme responsable, pour avoir contrevenu à l'or-

3

donnance de police qui défend de jeter dans le canal des animaux morts et des immondices.

De ce que dessus nous avons dressé le présent procès-verbal pour être remis en double expédition au commandant de la compagnie, conformément à l'art. 27 du règlement du 30 avril 1883.

Fait et clos à Paris, les jour, mois et an que dessus.

(Signatures des gardes verbalisants.)

Ce procès-verbal doit être visé pour timbre et enregistré en débet dans les quatre jours de sa date.

Il est défendu de jeter dans le canal Saint-Martin aucuns animaux morts, ordures, immondices ou autres objets (art. 2 de l'ord. de M. le préfet de police du 10 juin 1826).

Les contraventions aux dispositions ci-dessus seront constatées par des procès-verbaux qui seront transmis au préfet de police pour être ensuite déférées et poursuivies conformément à la loi (art. 2 de ladite ord.).

Seront punis d'amende, depuis 1 fr. jusqu'à 5 fr. inclusivement, ceux qui auront contrevenu aux règlements légalement faits par l'autorité administrative, et ceux qui ne se seront pas conformés aux règlements et autres arrêtés publiés par l'autorité municipale, en vertu des art. 3 et 4 (tit. II) de la loi du 24 août 1790, et de l'art. 46 (tit. Ier) de la loi du 22 juillet 1791 (art. 471 n° 15 du Code pénal).

La peine d'emprisonnement contre toutes personnes mentionnées en l'art. 471 aura toujours lieu en cas de récidive, pendant trois jours au plus (art. 474 du Code pénal).

CHEVAUX.

N° 30. — *Procès-verbal constatant qu'un individu a essayé et fait courir des chevaux ailleurs qu'aux endroits pour ce désignés.*

Cejourd'hui... mil huit cent..., à dix heures du matin, nous, soussignés, Pierre L... et Auguste L..., tous les deux gardes à la 2e compagnie du 3e bataillon de la garde républicaine, casernés rue Mouffetard, revêtus de notre uniforme, et passant dans la rue de la Cossonnerie, avons aperçu un individu qui, monté sur un cheval, en tenait en laisse un autre qu'il faisait courir afin de l'essayer. Ces chevaux étant très fougueux et compromettant, par leurs sauts et bonds réitérés, la sûreté des passants, nous nous sommes approchés du conducteur, et, après l'avoir sommé de s'abstenir de faire courir ses chevaux, il a, sur notre demande, répondu se nommer Pierre F..., être marchand de chevaux, âgé de quarante-cinq ans, et demeurer rue..., n°... L'ayant accompagné au domicile par lui déclaré, et nous étant assurés qu'il était réellement le sien, nous lui avons déclaré procès-verbal pour contravention à l'ordonnance de police qui défend de faire trotter ou galoper des chevaux sur la voie publique pour les essayer ailleurs qu'aux endroits à ce affectés.

De ce que dessus nous avons dressé le présent procès-verbal pour être envoyé en double expédition au commandant de la compagnie, conformément à l'art. 27 du règlement du 30 avril 1883.

Fait et clos à Paris, les jour, mois et an que dessus.

(Signatures des gardes verbalisants.)

Ce procès verbal doit être visé pour timbre et enregistré en débet dans les quatre jours de sa date.

Ce fait constitue une contravention à l'art. 7 de l'ordonnance de police du 9 mai 1831, qui défend d'essayer des chevaux sur la voie publique ailleurs qu'aux endroits à ce affectés, et est punie d'une amende de 1 fr. à 5 fr. inclusivement, par l'art. 471 nº 15 du Code pénal.

En cas de récidive dans les douze mois, la peine d'emprisonnement pendant trois jours est ajoutée à l'amende, conformément à l'art. 474 dudit Code (instr. sur le service journalier et municipal du 30 avril 1883, art. 45 nº 21).

Nº **31**. — *Procès-verbal constatant qu'un individu a mis en vente, au marché aux chevaux, un cheval atteint de la morve, du farcin, ou de toute autre maladie contagieuse.*

Cejourd'hui... mil huit cent..., à trois heures de l'après-midi, nous, soussignés, Ferdinand V..., brigadier, Louis C... et Jules B..., gardes, tous les trois à la 6e compagnie du 1er bataillon de la garde républicaine, casernés à Tournon, revêtus de notre uniforme, et nous trouvant de service au marché aux chevaux, avons été requis par le sieur Jean R..., vétérinaire assermenté, demeurant rue de la Clef, nº..., de procéder à l'arrestation d'un individu qui venait d'exposer en vente un cheval atteint de la morve. Nous nous sommes approchés de cet individu et l'avons immédiatement conduit devant le commissaire de police du quartier, à qui il a déclaré se nommer Simon D..., être âgé de trente-neuf ans, laboureur, et demeurer à Lagny. Interrogé sur le fait à lui reproché, il a répondu qu'il ignorait absolument que la maladie dont son cheval est atteint fût la morve; que s'il en eût eu connaissance il ne l'aurait pas amené au marché. M. le commissaire de police, après avoir fait examiner le cheval par le vétérinaire qui nous avait accompagnés, l'a envoyé de suite en fourrière pour être séquestré, séparé et maintenu isolé des autres animaux, et nous a requis de conduire ledit Simon D... à la préfecture de police, où il a été déposé contre un reçu.

De ce que dessus nous avons rédigé le présent procès-verbal en double expédition pour être remis, avec le reçu, au commandant de la compagnie, conformément à l'art. 27 du règlement du 30 avril 1883.

Fait et clos à Paris, les jour, mois et an que dessus.

(Signatures des gardes.)

(Signalement.)

L'expédition de ce procès-verbal destinée au procureur de la République doit être visée pour timbre et enregistrée en débet dans les quatre jours de sa date.

Ce fait constitue une infraction à la loi du 21 juillet 1883 et est punissable, aux termes de l'art. 31, d'un emprisonnement de deux mois à six mois et d'une amende de 100 fr. à 1,000 fr.

Il est défendu de vendre et d'exposer en vente, dans les marchés et partout ailleurs, des chevaux, mulets et autres animaux atteints ou présentant des symptômes de maladies contagieuses.

Il est également défendu de faire stationner sur les places des voitures de louage, ou d'employer à un service quelconque des chevaux atteints de maladies contagieuses, vicieux ou hors d'état de faire le service (art. 1er de l'ord. de police du 17 fév. 1831).

Tous chevaux ou autres animaux atteints ou présentant des symptômes de maladies contagieuses seront conduits, à Paris, à la fourrière. Le propriétaire sera requis de se présenter sur-le-champ, pour être procédé en sa présence à la visite par l'expert vétérinaire de la préfecture de police. Si le propriétaire consent à ce que l'animal soit abattu, il sera marqué d'un *M* pour être livré à l'équarrisseur, entre les mains duquel il sera remis sans délai. Il sera dressé, de cette visite, un procès-verbal qui contiendra le consentement d'abatage. Si le propriétaire ne consent pas à l'abatage, il nommera un expert; en cas de dissidence, il sera nommé par M. le préfet de police un tiers expert. Le procès-verbal sera adressé au préfet de police, immédiatement, pour être par lui statué ce qu'il appartiendra. Dans tous les cas, l'abatage devra avoir lieu en présence de l'artiste vétérinaire, qui en rendra compte. Si les animaux sont reconnus sains, ils seront remis à leur propriétaire (art. 4 de l'ord. précitée).

CHIENS.

Tout chien circulant sur la voie publique en liberté, ou même tenu en laisse, doit être muni d'un collier portant, gravés sur une plaque de métal, le nom et le domicile de son propriétaire (art. 1er de l'ord. de police du 6 août 1878).

Les chiens trouvés sans collier sur la voie publique, les chiens errants avec ou sans collier, dont le propriétaire est inconnu dans la localité, seront saisis et abattus sans délai; dans aucun cas ils ne peuvent être vendus (art. 2).

Sont exceptés des dispositions contenues dans les articles précédents les chiens courants, en action de chasse; mais ils doivent porter la marque du propriétaire (art. 3).

Seront immédiatement abattus les chiens et les chats enragés et les animaux des mêmes espèces qui ont été mordus par des animaux enragés ou qui sont soupçonnés de l'avoir été (art. 4).

Les infractions aux dispositions de ladite ordonnance sont constatées par des procès-verbaux ou rapports qui sont déférés aux tribunaux compétents (art. 5).

L'ordonnance de police du 27 mai 1845 et les §§ 1, 2 et 3 de l'art. 8 de l'ordonnance de police du 27 décembre 1875 sont abrogés (art. 6).

Seront en contravention aux ordonnances de police les personnes qui ne retiendraient pas leurs chiens lorsque ces animaux attaquent ou poursuivent les passants.

Les chiens, même ceux tenus en laisse, doivent porter au cou un collier muni d'une plaque sur laquelle seront gravés le nom et la demeure des personnes auxquelles ils appartiennent (art. 45 n° 35 de l'instr. du 30 avril 1883 sur le service journalier et municipal de la garde républicaine).

Non seulement tout chien enragé ou suspect doit être immédiatement abattu, mais encore tout animal mordu, chien ou chat, par un chien enragé ou suspect doit également être immédiatement abattu.

En cas d'accident grave ou de mort d'homme le propriétaire du chien enragé pourra être poursuivi d'office, sans préjudice des dommages-intérêts qui peuvent être réclamés par les familles (art. 319, 320, 459 du Code pénal et art. 1835 du Code civil).

Il est important de conserver les cadavres des chiens et de les faire transporter à une école vétérinaire ou chez un vétérinaire quelconque afin que l'autopsie permette de constater les altérations caractéristiques de la rage (instr. relatives à la rage jointes à l'ord. de police du 6 août 1878).

N° **32**. — *Procès-verbal constatant qu'un chien a été trouvé sur la voie publique, errant, non muselé, et ne portant point un collier indiquant la demeure de son maître.*

Cejourd'hui... mil huit cent..., à trois heures du soir, nous, soussignés, Léon B... et Charles D..., tous deux gardes au 1er escadron de la garde républicaine, casernés aux Célestins, revêtus de notre uniforme, et passant rue de Rivoli, avons aperçu sur le trottoir qui longe le jardin des Tuileries un chien de haute taille qui, sans être muselé et sans porter un collier indiquant les nom et demeure de son maître, suivait un individu âgé d'environ trente ans. Ayant demandé à ce dernier si ce chien lui appartenait, il nous a répondu que oui. Sur notre interpellation, il a dit se nommer Pierre B..., être âgé de 32 ans, marchand fripier, rue du Marché-Saint-Honoré, n° 23. L'ayant accompagné au domicile par lui indiqué, nous nous sommes rendus certains de l'exactitude de sa réponse par l'attestation de ses voisins et lui avons déclaré procès-verbal pour contravention à l'ordonnance de police qui défend de laisser vaguer dans les lieux publics aucuns chiens sans qu'ils aient un collier garni d'une plaque de métal faisant connaître les nom et demeure des personnes à qui ils appartiennent.

De ce que dessus nous avons rédigé le présent procès-verbal pour être remis en double expédition au commandant de l'escadron, conformément à l'art. 27 du règlement du 30 avril 1883.

Fait et clos à Paris, les jour, mois et an que dessus.

(*Signatures des gardes verbalisants.*)

Ce procès-verbal doit être visé pour timbre et enregistré en débet dans les quatre jours de sa date.

Tout chien circulant sur la voie publique en liberté, ou même tenu en laisse, doit être muni d'un collier portant gravés sur une plaque de métal le nom et le domicile de son propriétaire (art. 1er de l'ord. de police du 6 août 1878).

N° **33**. — *Procès-verbal constatant qu'un chien non muselé a été attaché en un lieu ouvert au public.*

Cejourd'hui... mil huit cent..., à dix heures du matin, nous, soussignés, Antony B..., maréchal des logis, et Louis P..., garde, de la 2e compagnie du 3e bataillon de la garde républicaine, casernés rue de Tournon, revêtus de notre uniforme, passant rue des Lions-Saint-Paul, avons remarqué dans la cour de la maison portant le n° 23, un chien non muselé, attaché à l'entrée de ladite maison, dans laquelle se trouvent plusieurs locataires. Nous étant fait conduire chez le propriétaire, il nous a déclaré se nommer Pierre L..., être rentier, et âgé de quarante ans. Nous lui avons fait observer que l'ordonnance de M. le préfet de police prescrit aux propriétaires de chiens de les tenir muselés dans l'intérieur des lieux où peut pénétrer le public, alors même qu'ils y seraient à l'attache, et que, à défaut par lui de s'être conformé à ladite ordonnance et d'avoir fait museler le chien préposé à la garde de sa cour, nous lui déclarions procès-verbal.

De ce que dessus nous avons rédigé le présent procès-verbal en double expédition pour être remis au commandant de la compagnie, conformément à l'art. 27 du règlement du 30 avril 1883.

Fait et clos à Paris, les jour, mois et an que dessus.

(*Signatures des gardes.*)

Ce procès-verbal doit être visé pour timbre et enregistré en débet dans les quatre jours de sa date.

Les chiens devront être tenus muselés dans l'intérieur des magasins, boutiques, ateliers et autres établissements ou lieux quelconques ouverts au public, même lorsqu'ils y seront à l'attache (art. 5 de l'ord de M. le préfet de police, en date du 27 déc. 1875).

Les chiens, même ceux tenus en laisse, doivent porter au cou un collier muni d'une plaque sur laquelle seront gravés le nom et la demeure des personnes auxquelles ils appartiennent (art. 45, nº 35, de l'instr, du 30 avril 1883 sur le service municipal de la garde républicaine).

Aux termes de l'art. 471, nº 15, du Code pénal, cette contravention est punie, pour la première fois, d'amende depuis 1 fr. jusqu'à 5 fr. inclusivement.

En cas de récidive, la peine d'emprisonnement aura toujours lieu pendant trois jours au plus, par application de l'art. 474 dudit Code.

Nº **34**. — *Procès-verbal constatant que le propriétaire d'un chien ne le retenait pas lorsqu'il attaquait et poursuivait les passants.*

Cejourd'hui..., mil huit cent..., à neuf heures du matin, nous, soussignés, Désiré V... et Pierre P..., gardes à la 3ᵉ compagnie du 1ᵉʳ bataillon de la garde républicaine, casernés rue Lobau, revêtus de notre uniforme, et passant dans la rue Saint-Honoré, avons aperçu un individu suivi d'un chien en liberté qui attaquait et poursuivait les passants, lesquels couraient le risque d'en être mordus, en raison de ce qu'il n'était pas muselé. Le propriétaire ne retenant point ce chien, et ne faisant rien pour calmer les justes craintes des passants, nous nous sommes approchés de lui, et, après l'avoir sommé de prendre son chien à l'attache et d'empêcher qu'il attaquât personne, il a, sur notre demande, répondu se nommer Pierre L..., être horloger, et demeurer rue de Rivoli, nº 72. Après nous être assurés de l'exactitude de cette déclaration, par l'inspection de la plaque fixée au collier de son chien, nous lui avons déclaré procès-verbal pour contravention au Code pénal et à l'ordonnance de police, qui prescrivent de retenir les chiens lorsqu'ils attaquent ou poursuivent les passants.

De ce que dessus nous avons rédigé le présent procès-verbal en double expédition pour être remis au commandant de la compagnie, conformément à l'art. 27 du règlement du 30 avril 1883.

Fait et clos à Paris, les jour, mois et an que dessus.

(Signatures des gardes.)

Ce procès-verbal doit être visé pour timbre et enregistré en débet dans les quatre jours de sa date.

Seront punis d'amende, depuis 6 fr. jusqu'à 10 fr. inclusivement, ceux qui auront excité ou n'auront pas retenu leurs chiens, lorsqu'ils attaquent ou poursuivent les passants, quand même il n'en serait résulté aucun mal ou dommage (art. 475 nº 7 du Code pénal et instr. sur le service journalier et municipal de la garde républicaine du 30 avril 1883, art. 45 nº 35).

Seront punis d'amende, depuis 1 fr. jusqu'à 5 fr. inclusivement, ceux qui auront contrevenu aux règlements faits par l'autorité administrative, et ceux qui ne se seront pas conformés aux règlements ou arrêtés publiés par l'autorité municipale en vertu des lois (art. 471 nº 15 du Code pénal).

Nº **35**. — *Procès-verbal constatant l'abatage d'un chien atteint d'hydrophobie.*

Cejourd'hui... mil huit cent..., à cinq heures du soir, nous, soussignés,

Pierre J..., maréchal des logis, Jean A... et Joseph B..., gardes, tous les trois à la 4e compagnie du 2e bataillon de la garde républicaine, casernés rue de Lille, revêtus de notre uniforme, étant de service au marché aux bestiaux de la Villette, le sieur Bertrand, surveillant dudit marché, nous a fait part qu'en faisant sa tournée dans les bouveries, il avait aperçu un gros chien qui, par ses allures suspectes et l'écume qui sortait de sa gueule, faisait présumer qu'il était atteint d'hydrophobie. Accompagnés dudit surveillant et du sieur Simon, vétérinaire de service, nous nous sommes dirigés vers l'endroit où ce chien avait été aperçu; nous l'avons trouvé blotti dans un des angles de la bouverie n° 6. L'attitude de cet animal ne donnant plus de doute sur son état, à la demande du vétérinaire de service, le garde Jean A... l'a abattu d'un coup de sabre sur la tête.

Après avoir examiné la plaque fixée au collier du chien et avoir pris l'adresse ci-après : Jacob (Pierre), marchand de bestiaux, rue de Paris, n° 15, à Pantin, l'inspecteur vétérinaire du marché aux bestiaux, qui a été mandé, l'a fait enlever pour en faire l'autopsie et le livrer ensuite aux équarrisseurs des abattoirs.

De ce que dessus, nous avons rédigé le présent procès-verbal qui sera remis en double expédition au commandant de la compagnie, conformément à l'art. 27 du règlement du 30 avril 1883.

Fait et clos à Paris, les jour, mois et an que dessus.

(*Signatures des gardes verbalisants.*)

Ce procès-verbal n'est pas soumis à la formalité du visa et de l'enregistrement.
Seront immédiatement abattus les chiens et les chats enragés et les animaux qui ont été mordus par des animaux enragés ou qui sont soupçonnés de l'avoir été (art. 4 de l'ord. de police du 6 août 1878).

N° **36**. — *Procès-verbal constatant qu'un marchand de fruits a attelé un chien à une voiture à bras qu'il traînait.*

Cejourd'hui... mil huit cent..., à huit heures du matin, nous, soussignés, Pierre L... et Désiré R..., gardes à la 3e compagnie du 2e bataillon de la garde républicaine, casernés rue de Tournon, revêtus de notre uniforme, et passant en la rue Saint-Denis, avons fait rencontre d'un individu qui traînait une voiture à bras, à laquelle était attelé un chien de haute taille et paraissant servir habituellement à cet usage. Nous étant approchés du conducteur de cette voiture, il nous a déclaré se nommer Jean L..., être marchand de fruits, et demeurer rue de l'Arbre-Sec, n° 59. Nous étant assurés de la sincérité de sa déclaration, par l'inspection de la plaque clouée à sa voiture, nous lui avons déclaré procès-verbal pour contravention à l'ordonnance de police qui défend d'atteler ou d'attacher des chiens aux voitures traînées à bras.

De ce que dessus nous avons rédigé le présent procès-verbal en double expédition pour être remis au commandant de la compagnie, conformément à l'art. 27 du règlement du 30 avril 1883.

Fait et clos à Paris, les jour, mois et an que dessus.

(*Signatures des gardes.*)

Ce procès-verbal doit être visé pour timbre et enregistré en débet dans les quatre jours de sa date.

Il est défendu d'atteler ou d'attacher des chiens aux voitures traînées à bras (art. 5 de l'ord. de police du 23 juin 1832).

Cette contravention est punie d'amende depuis 1 fr. jusqu'à 5 fr. inclusivement, par application de l'art. 471 nº 15 du Code pénal.

En cas de récidive, la peine d'emprisonnement, pendant trois jours au plus, est prononcée par l'art. 474 dudit Code.

Les gardes républicains ne doivent pas se borner à constater les contraventions commises par les conducteurs de voitures à bras. Lorsque, de la part de ces derniers, il y a refus de répondre, ou lieu de suspecter l'exactitude de leur déclaration, il convient de consigner la voiture dans un poste, à la disposition du commissaire de police, presque tous les conducteurs de ces voitures étant des commissionnaires insolvables.

CHIFFONNIERS.

Nº **37**. — *Procès-verbal constatant qu'un chiffonnier a circulé sans être pourvu de médaille, sans lanterne pendant la nuit, ou étant accompagné d'un chien.*

Tout chiffonnier ambulant portera, d'une manière apparente, une médaille en cuivre de forme ovale (art. 1er de l'ord. de police du 1er sept. 1828).

Ils feront peindre leur numéro sur une des vitres de la lanterne qu'ils sont tenus d'avoir constamment allumée depuis la chute du jour jusqu'au moment où ils rentreront dans leur domicile (art. 5 de ladite ord.).

Il leur est formellement interdit de se faire accompagner par des chiens (art. 11 de ladite ord.).

COLPORTAGE.

Nº **38**. — *Procès-verbal constatant qu'un individu colportait ou distribuait sur la voie publique des écrits, dessins ou emblèmes imprimés, lithographiés, moulés, gravés ou à la main, en présentant un récépissé de déclaration fausse.*

Cejourd'hui... mil huit cent..., à trois heures de l'après-midi, nous, soussignés, Auguste P... et Simon V..., gardes à la 2e compagnie du 2e bataillon de la garde républicaine, casernés rue de la Banque, revêtus de notre uniforme et passant rue Vivienne, avons aperçu un individu qui offrait aux passants des estampes contraires aux mœurs et vendait des livres qui contenaient des expressions obscènes. L'ayant sommé de nous exhiber le récépissé de la déclaration faite à la préfecture de police, et nécessaire pour exercer la profession de colporteur, il nous a remis une déclaration que nous avons reconnue fausse.

Attendu que les faits ci-dessus relatés constituent : 1º un délit pour vente sur la voie publique de livres et estampes contraires à la décence et aux bonnes mœurs : 2º une contravention pour fausseté de la déclaration, nous avons invité ledit individu à nous suivre chez le commissaire de police du quartier, qui l'a interrogé et à qui il a déclaré se nommer Eugène F..., âgé de vingt-neuf ans, sans profession, demeurant rue des Noyers, nº 5. Ce magistrat l'a remis en liberté après lui avoir déclaré qu'il dresserait procès-verbal de la contravention par lui commise au Code pénal et à l'ordonnance de police.

De ce que dessus, nous avons rédigé le présent procès-verbal en double expédition pour être remis au commandant de la compagnie, conformément à l'art. 27 du règlement du 30 avril 1883.

Fait et clos à Paris, les jour, mois et an que dessus.

(*Signatures des gardes.*)

Ce procès-verbal doit être visé pour timbre et enregistré en débet dans les quatre jours de sa date.

Toute exposition ou distribution de chansons, pamphlets, signes ou images contraires aux bonnes mœurs sera punie d'une amende de 16 fr. à 500 fr., d'un emprisonnement d'un mois à un an et de la confiscation des planches et des exemplaires imprimés ou gravés des chansons, figures ou autres objets du délit (art. 287 du Code pénal).

Quiconque voudra exercer la profession de colporteur ou de distributeur sur la voie publique ou en tout autre lieu public ou privé, de livres, écrits, brochures, journaux, dessins, gravures, lithographies et photographies, sera tenu d'en faire la déclaration à la préfecture du département où il a son domicile. Toutefois, en ce qui concerne les journaux et autres feuilles périodiques, la déclaration pourra être faite soit à la mairie de la commune dans laquelle doit se faire la distribution, soit à la sous-préfecture. Dans ce dernier cas, la déclaration produira son effet pour toutes les communes de l'arrondissement. Il sera délivré immédiatement et sans frais au déclarant un récépissé de sa déclaration qui contiendra les nom, prénoms, profession, domicile, âge et lieu de naissance.

La distribution et le colportage accidentels ne sont assujettis à aucune déclaration.

L'exercice de la profession de colporteur ou de distributeur sans déclaration préalable, la fausseté de la déclaration, le défaut de présentation à toute réquisition du récépissé constituent des contraventions. Les contrevenants sont punis d'une amende de 5 fr. à 15 fr. et pourront l'être, en outre, d'un emprisonnement d'un à cinq jours. En cas de récidive ou de déclaration mensongère, l'emprisonnement sera nécessairement prononcé.

Les colporteurs et distributeurs pourront être poursuivis conformément au droit commun s'ils ont sciemment colporté ou distribué des livres, écrits, brochures, journaux, dessins, gravures et photographies présentant un caractère délictueux (art. 18 et suivants de la loi du 29 juill. 1881 sur la presse et circulaire du garde des sceaux du 9 nov. 1881).

COMMISSIONNAIRES.

N° **39**. — *Procès-verbal constatant qu'un commissionnaire a exercé sa profession sur la voie publique sans être porteur de médaille, ou sans porter ostensiblement sa médaille, ou sans avoir fait au bureau du commissaire de police la déclaration de son domicile.*

Ces faits constituent contravention aux art. 2, 5, 9 et 13 de l'ordonnance de police du 29 juillet 1811, et sont passibles d'une amende de 1 fr. à 5 fr. inclusivement, par application de l'art. 471 n° 15 du Code pénal.

En cas de récidive, l'emprisonnement a toujours lieu, pendant trois jours au plus, en vertu de l'art. 474 dudit Code.

DÉMÉNAGEMENTS FRAUDULEUX.

N° **40**. — *Procès-verbal constatant un déménagement frauduleux opéré pendant la nuit.*

Cejourd'hui... mil huit cent..., à trois heures du matin, nous, soussignés,

Jean B..., maréchal des logis, et Louis J..., garde, tous les deux à la 3e compagnie du 1er bataillon de la garde républicaine, casernés rue Mouffetard, revêtus de notre uniforme, étant de patrouille de nuit, vers deux heures du matin, par ordre de nos supérieurs, et passant rue du Colombier, avons fait rencontre de trois individus qui, à l'aide d'un brancard, transportaient une commode, un bois de lit et deux matelas. Leur ayant demandé si ces objets leur appartenaient, ils nous ont répondu que oui, et qu'ils les transportaient par suite de déménagement. En raison de l'heure indue où ce transport était effectué et des réponses desdits individus, nous les avons fait entrer au poste du marché Saint-Germain, où ils ont déclaré se nommer, le premier, Jean D..., le second, Pierre L..., le troisième, Louis J..., ouvriers menuisiers, demeurant rue du Faubourg-Poissonnière, n° 81, ajoutant qu'ils venaient de quitter ce logement pour aller en habiter un autre, rue Cassette, n° 12. Les ayant pressés de questions, ils ont fini par dire qu'ils profitaient de la nuit pour déménager, parce qu'ils devaient pour loyer au propriétaire une somme qu'ils ne pouvaient payer. Sur cette déclaration, nous les avons consignés au chef de poste avec les objets ci-dessus, dont nous avons tiré un reçu, et en avons informé par écrit M. le commissaire de police du quartier.

De ce que dessus, nous avons dressé le présent procès-verbal en double expédition pour être remis au commandant de la compagnie, conformément à l'art. 27 du règlement du 30 avril 1883.

Fait et clos à Paris, les jour, mois et an que dessus.

(*Signatures des gardes verbalisants.*)

Ce procès-verbal n'est soumis au visa pour timbre, ni à l'enregistrement en débet, le fait qu'il constate ne constituant ni délit ni contravention.

Ici, les gardes opèrent, non en exécution d'une loi, mais par mesure d'ordre, dans l'intérêt privé des citoyens. Ils informent le commissaire de police, qui, dans l'intérêt des propriétaires, veille à ce que les locataires ne les frustrent pas du prix de leurs loyers. La garde républicaine remplit ici un devoir d'office et de protection, mais son procès-verbal ne peut donner lieu à aucune poursuite judiciaire.

Tout déménagement fait la nuit peut donner lieu à arrestation lorsque les personnes qui déménagent ne justifient pas qu'elles sont propriétaires des objets transportés.

DÉSERTEURS.

N° **41**. — *Procès-verbal constatant l'arrestation d'un déserteur.*

Cejourd'hui... mil huit cent..., à quatre heures et demie du soir, nous, soussignés, Jean M..., maréchal des logis, et Pierre F..., garde, tous les deux au 1er escadron de la garde républicaine, casernés aux Célestins, revêtus de notre uniforme, ayant été prévenus par le sieur G..., ferblantier, rue Saint-Honoré, n° 75, qu'il y avait chez lui un jeune homme qui avait abandonné ses drapeaux et s'était réfugié en sa maison, chez le nommé V..., qui habite une chambre au troisième étage, nous nous y sommes transportés et y avons trouvé le nommé B..., à qui nous avons adressé les questions suivantes :

1° Quels sont vos nom, prénoms, âge, profession et lieu de naissance?

R. Je me nomme Constant B..., âgé de vingt-cinq ans, imprimeur en indiennes, né à Strasbourg (Bas-Rhin).

2° Êtes-vous militaire ?

R. Oui.

3° A quel corps appartenez-vous?

R. J'appartiens au 29e de ligne, 1er bataillon, 1re compagnie.

4° Où avez-vous quitté votre corps?

R. J'ai quitté le corps à Melun, le 3 janvier 1884.

5° Depuis quelle époque êtes-vous au service?

R. Je suis entré au service le 2 novembre 1882.

6° Êtes-vous engagé volontaire ou jeune soldat?

R. Je suis jeune soldat appelé de la classe de 1881.

7° Quelle est la date et quelle est l'heure de votre désertion?

R. Je suis parti le..., à 7 heures du matin, après l'appel.

8° Quels sont les motifs de votre désertion?

R. Le sergent P..., de la compagnie à laquelle j'appartiens, m'ayant puni injustement de quatre jours de salle de police, je lui ai répondu un peu vivement, et, dans la crainte d'une punition plus forte, je suis parti sans me rendre compte du résultat, tant j'étais exaspéré.

9° Avez-vous emporté des effets ou des armes appartenant à l'Etat?

R. Je n'ai emporté que ce que j'avais sur moi : une veste, un pantalon et un képi appartenant à l'Etat.

10° Qu'avez-vous fait de ces effets?

R. Ils sont chez le sieur J..., compositeur d'imprimerie, rue Saint-Martin, n° 7, où je suis descendu.

11° Quel a été l'emploi de votre temps depuis le moment de votre absence du corps?

R. En quittant Melun je me suis rendu directement à Paris, par la voie ferrée, chez mon ami J..., qui m'a procuré du travail chez son patron, M. D..., imprimeur, rue Chauchat, n°..., où je travaille en ce moment.

Sur quoi nous l'avons constitué prisonnier pour être conduit à la prison d..., où il a été écroué pour être mis à la disposition de M. le général commandant le 5e corps d'armée.

Fait et clos, en quadruple expédition, à Paris, les jour, mois et an que dessus.

(*Signatures des gardes verbalisants.*)

(*Signalement.*)

Vu par moi, commandant du 1er escadron de la légion de la garde républicaine, attestant que l'homme désigné au procès-verbal ci-dessus a été écroué à la prison militaire du Cherche-Midi.

A Paris, le 4 janvier 1884.

(*Signature du capitaine.*)

Ce procès-verbal n'est soumis ni au visa pour timbre ni à l'enregistrement.

Si l'individu arrêté était déserteur de la garnison de Paris, ou bien né ou domicilié à Paris, il devrait être conduit à l'état-major de la place.

En vertu du décret du 12 janvier 1811, il est accordé aux gardes verbalisants une somme de 25 fr., à titre d'indemnité, pour l'arrestation d'un déserteur, dans les conditions de l'art. 277 du décret du 18 février 1863, et 5 ou 6 fr. pour absence illégale, suivant les cas indiqués à l'art. 280 dudit décret.

Mais dans le cas ci-dessus il n'est rien dû, attendu que les gardes ne se sont pas mis spécialement à la recherche de l'individu arrêté, ainsi que l'exige l'art. 38 de l'instruction du 24 janvier 1858.

Il n'en serait pas de même s'il s'agissait d'un militaire absent illégalement.

La désertion constitue un délit ou un crime suivant les circonstances dans lesquelles elle a lieu. Dans le premier cas, elle se prescrit par trois ans; dans le second, par dix ans. Mais elle ne commence à courir que du jour où le déserteur a atteint l'âge de quarante-sept ans.

A quelque époque que le déserteur ou l'insoumis soit arrêté, il est mis à la disposition du ministre de la guerre pour compléter, s'il y a lieu, le temps de service qu'il doit encore à l'Etat (art. 184 du Code de justice militaire du 9 juin 1857 et instr. du 30 avril 1883, art. 35 n° 11).

ÉQUARRISSEURS.

N° **42**. — *Procès-verbal constatant qu'un équarrisseur a transporté dans Paris des animaux morts, dans une voiture non couverte.*

Ce fait constitue contravention à l'art. 3 de l'ordonnance de police du 24 août 1811 et est passible d'amende depuis 1 fr. jusqu'à 5 fr. inclusivement; l'emprisonnement est prononcé, en cas de récidive, pendant trois jours au plus, par application des art. 471 et 474 du Code pénal.

ÉCHAFAUDS NON ÉCLAIRÉS.

N° **43**. — *Procès-verbal constatant qu'un propriétaire n'a point éclairé, pendant la nuit, les échafauds montant de fond établis devant sa maison en réparation.*

Les barrières et les échafauds montant de fond, au-devant desquels il n'existera pas de barrières, seront éclairés aux frais et par les soins des propriétaires et des entrepreneurs.

L'éclairage sera fait au moyen d'un nombre suffisant d'appliques, dont une à chaque angle des extrémités, pour éclairer les parties en retour.

Les heures d'allumage et d'extinction de ces appliques seront celles prescrites pour les appareils de l'éclairage public (art. 5 de l'ord. de police du 8 août 1829).

ÉCHELLES ET CORDES.

N° **44**. — *Procès-verbal constatant qu'un individu a laissé, pendant la nuit, une échelle et des cordes devant sa maison.*

Cejourd'hui... mil huit cent..., à trois heures du matin, nous, soussignés, Paul B..., maréchal des logis, et Louis P..., garde, tous les deux à la 3e compagnie du 1er bataillon de la garde républicaine, casernés rue de Tournon, revêtus de notre uniforme, rentrant d'un service de nuit, et passant rue du Faubourg-Saint-Martin, avons remarqué qu'on avait laissé sur le trottoir, devant la boutique du sieur Jules R..., marchand de draps, n° 15 de ladite rue, une échelle et des cordages dont auraient pu s'emparer les malfaiteurs pour commettre des soustractions. Ayant réveillé le concierge de la maison, nous l'avons requis de rentrer ces échelle et cordes, ce qu'il a fait de suite. Lui ayant demandé à qui ces objets appartenaient, il nous a répondu que c'était audit sieur R..., qui est propriétaire de la maison, et qui avait sans doute oublié de les mettre dans sa boutique avant de partir pour la campagne, où il était allé hier soir.

Ces faits constituant, de la part du sieur R..., contravention au Code pénal, nous lui avons déclaré procès-verbal.

De ce que dessus nous avons rédigé le présent procès-verbal en double expédition pour être remis au commandant de la compagnie, conformément à l'art. 27 de l'instruction du 30 avril 1883.

Fait et clos à Paris, les jour, mois et an que dessus.

(*Signatures des gardes.*)

Ce procès-verbal doit être visé pour timbre et enregistré en débet dans les quatre jours de sa date.

Seront punis d'amende, depuis 1 fr. jusqu'à 5 fr. inclusivement, ceux qui auront laissé dans les rues, chemins, places, lieux publics ou dans les champs, des coutres de charrue, pinces, barres, barreaux ou autres machines, instruments ou armes dont peuvent abuser les voleurs et autres malfaiteurs (art. 471 n° 7 du Code pénal).

Les échelles pouvant devenir, entre les mains des voleurs et autres malfaiteurs, des instruments de délits et de crimes, le fait de les avoir laissés dans les rues constitue la contravention prévue par l'art. 471 n° 7 du Code pénal (arrêt de la Cour de cass. du 29 sept. 1843).

ÉCLAIRAGE.

Les gardes doivent dresser procès-verbal, non seulement lorsque les réverbères sont éteints avant le temps fixé, mais encore lorsqu'ils n'ont pas été allumés vingt minutes après l'heure fixée par le tableau de la préfecture (instr. du 30 avril 1883 sur le service journalier et municipal de la garde républicaine, art. 30 et 49 n° 8).

Le défaut d'éclairage de matériaux déposés sur la voie publique ne saurait être excusé sur ce qu'aucun arrêté local n'aurait réglé le mode d'éclairage à employer.

L'obligation d'éclairer les matériaux laissés sur la voie publique s'étend à toute la durée de la nuit. Cette obligation comprend d'ailleurs celle de veiller à ce que cet éclairage ne soit pas interrompu par des accidents, et notamment par le mauvais temps (arrêt de cass. du 10 avril 1841).

ÉCRITS SANS NOM D'AUTEUR.

N° 45. — *Procès-verbal constatant la vente d'écrits sans nom d'auteur ni d'imprimeur.*

Cejourd'hui... mil huit cent..., à cinq heures du soir, nous, soussignés, Louis P... et Claude R..., gardes à la 5ᵉ compagnie du 2ᵉ bataillon de la garde républicaine, revêtus de notre uniforme, casernés rue de la Banque, passant sur la place de l'Hôtel-de-Ville, avons remarqué un crieur public qui vendait des écrits sur lesquels ne se trouvaient point les nom, profession et demeure de l'auteur ou de l'imprimeur.

En conséquence, nous étant assurés de sa personne, nous l'avons conduit au bureau du commissaire de police, et y étant arrivé il déclara se nommer Louis B..., crieur public, demeurant rue de la Tixeranderie, n° 8, ainsi que l'annonce le récépissé de déclaration dont il était porteur. Interpellé par le commissaire de police sur la question de savoir pourquoi il vendait des écrits sans nom d'auteur ni d'imprimeur, il s'excusa en disant que, sachant très peu lire, il n'avait pas remarqué si ce qu'on l'avait chargé de débiter portait un nom d'imprimeur. Cette allégation ne faisant pas disparaître la présomption du délit prévu par le Code pénal, nous lui avons déclaré procès-verbal.

De ce que dessus, nous avons rédigé le présent procès-verbal en double expédition pour être remis au commandant de la compagnie, conformément à l'art. 27 du règlement du 30 avril 1883.

Fait et clos à Paris, les jour, mois et an que dessus.

(Signatures des gardes.)

Ce procès-verbal doit être visé pour timbre et enregistré en débet dans les quatre jours de sa date.

Toute publication ou distribution d'ouvrages, écrits, avis, bulletins, affiches, journaux, feuilles périodiques ou autres imprimés, dans lesquels ne se trouvera pas l'indication vraie des nom, profession et demeure de l'auteur ou de l'imprimeur, sera, pour ce seul fait, punie d'un emprisonnement de six jours à six mois, contre toute personne qui aura sciemment contribué à la publication ou distribution (art. 283 du Code pénal).

Cette disposition sera réduite à des peines de simple police : 1° à l'égard des crieurs, afficheurs, vendeurs ou distributeurs qui auront fait connaître la personne de laquelle ils tiennent l'écrit imprimé ; 2° à l'égard de quiconque aura fait connaître l'imprimeur ; 3° à l'égard même de l'imprimeur qui aura fait connaître l'auteur (art. 284 du Code pénal).

Il y a lieu de conduire le prévenu chez le commissaire de police.

EFFETS MILITAIRES.

N° 46. — *Procès-verbal constatant qu'un marchand revendeur a acheté des effets d'habillement ou d'équipement militaire.*

Ce délit donne lieu à l'application de peines correctionnelles.

Le procès-verbal, visé pour timbre et enregistré en débet, doit être envoyé au procureur de la République.

ÉGOUTS.

N° 47. — *Procès-verbal constatant qu'un individu a jeté dans un égout des pailles ou toutes autres matières pouvant l'obstruer.*

Ce fait constitue contravention à l'art. 7 de l'ordonnance de police du 28 octobre 1839.

L'art. 8 de cette ordonnance défend également de déposer sur la voie publique, après huit heures du matin en hiver et après sept heures en été, aucunes pailles ou autres immondices.

L'ordonnance de police du 1er avril 1832 défend pareillement de jeter dans les passages des pailles, immondices ou débris quelconques de marchandises avariées.

ENTREPRENEURS. — RÉPARATIONS.

N° **48**. — *Procès-verbal constatant qu'un voiturier a déchargé sur la voie publique, après la retraite des ouvriers, une voiture de pierres de taille.*

Il est défendu à tous carriers, voituriers et autres, de décharger ni faire décharger sur la voie publique, après la retraite des ouvriers, aucune voiture de pierres de taille ou moellons (art. 10 de l'ord. de police du 8 août 1829).

N° **49**. — *Procès-verbal constatant qu'un entrepreneur de réparations a jeté sur la voie publique les recoupes, plâtras, tuiles et autres résidus des ouvrages.*

Il est défendu aux entrepreneurs, maçons, couvreurs, fumistes et autres, de jeter sur la voie publique les recoupes, plâtras, tuiles, ardoises et autres résidus des ouvrages (art. 7 de l'ord. de police du 8 août 1829).

Voir *Matériaux*.

ÉTALAGISTES.

Aux termes d'une ordonnance de police du mois de juillet 1848, nul ne peut stationner sur la voie publique sans une autorisation formelle et précise de la préfecture de police, et sans être muni, pour certaines marchandises, de la patente stipulée en l'art. 28 de la loi du 25 avril 1844.

Défense est faite aux étalagistes d'étaler sur plusieurs emplacements, de vendre ou de faire vendre autres choses que celles indiquées.

Ils ne peuvent céder leurs permissions.

Les malheureux seuls peuvent obtenir la permission d'étaler sur la voie publique.

L'on ne doit vendre que des objets d'un franc la pièce ou la paire, et n'en débiter ni au mètre ni au poids.

Il doit y avoir quarante mètres au moins de distance entre l'étalagiste et les magasins ou marchés où l'on vend des marchandises de même nature.

Il y a défense de faire de la friture ou des gaufres et de vendre des huîtres sur la voie publique.

Les étalages sont interdits sur les points étroits et fréquentés, aux coins des rues, et enfin sur tous les points de la voie publique où ils pourraient compromettre la liberté et la sûreté de la circulation.

Il y a exception en faveur des laitières sur les trottoirs des rues et des ponts, quand il n'y a pas possibilité de faire autrement.

Il ne doit y avoir qu'un rang d'étalagistes sur chaque trottoir des ponts. Les étalages ne doivent avoir que la dimension fixée par la permission. Les auvents et échoppes ne peuvent être établis sans autorisation.

Aucun objet des ventes mobilières ne doit être déposé et ne peut stationner sur la voie publique; le commissaire en fait opérer immédiatement l'enlèvement aux frais des contrevenants.

Si un étalagiste n'obtempère pas à l'injonction qui lui est faite de se retirer, ses marchandises et ses tables sont enlevées et transportées à la préfecture de police. Les denrées périssables seront envoyées au commissariat du quartier des marchés pour être vendues publiquement, et les objets enlevés ne peuvent être rendus moyennant consignation de leur valeur.

Les contrevenants doivent d'abord être avertis. L'enlèvement et le dépôt de leurs marchandises à la préfecture de police ne doivent avoir lieu qu'en cas de refus ou de récidive de leur part.

Les étalagistes et tous les autres marchands du même genre sont obligés de tenir la voie publique constamment propre au-devant de l'emplacement qu'ils occupent (ord. de police du 28 oct. 1839, art. 14).

N° **50**. — *Procès-verbal constatant qu'un marchand de bric-à-brac a étalé sa marchandise dans l'une des contre-allées du boulevard.*

Cejourd'hui... mil huit cent..., à trois heures du soir, nous, soussignés, Prosper M... et Jean L..., gardes à la 2e compagnie du 1er escadron de la garde républicaine, casernés aux Célestins, revêtus de notre uniforme, et passant sur le boulevard de Clichy, avons remarqué qu'un marchand de bric-à-brac y avait établi sa boutique de manière qu'elle envahissait notable partie de la contre-allée du boulevard. Nous étant approchés de lui, nous lui avons demandé s'il était autorisé à placer ses marchandises dans le lieu qu'elles occupaient. Il a répondu négativement à cette question et, sur notre seconde interpellation, a déclaré se nommer Louis G..., âgé de ..., revendeur, demeurant boulevard de Clichy, n° 7. Ce dont nous nous sommes assurés par l'examen de sa patente, qu'il nous a exhibée.

Ce fait constituant une infraction à l'ordonnance de police qui défend d'étaler des marchandises dans la contre-allée du boulevard, nous avons sommé ledit Louis G... de se retirer, en le prévenant que nous lui déclarions procès-verbal.

De ce que dessus, nous avons rédigé le présent procès-verbal en double expédition pour être remis au commandant de l'escadron, conformément à l'art. 27 du règlement du 30 avril 1883.

Fait et clos à Paris, les jour mois et an que dessus.

(Signatures des gardes.)

Ce procès-verbal doit être visé pour timbre et enregistré en débet dans les quatre jours de sa date.

Nul ne peut stationner, même momentanément, sur la voie publique pour y étaler des marchandises ou y exercer une industrie, qu'en vertu de permissions que le préfet de police pourra délivrer pour certains points où il aura reconnu que de tels stationnements ne nuiront pas à la circulation (art. 1er de l'ord. de police en date du 20 janv. 1832).

Toutes personnes stationnant sur la voie publique pour y étaler des marchandises ou y exercer une industrie, seront tenues, à toute réquisition des commissaires, officiers et agents de police, de représenter leurs permissions et leurs patentes acquittées ou leurs certificats d'exemption (art. 5 de ladite ord.).

La contravention constatée par ce procès-verbal est punie d'amende depuis 1 fr. jusqu'à 5 fr. inclusivement, par application de l'art. 471 n° du Code pénal.

En cas de récidive, l'art. 474 prononce un emprisonnement qui peut être élevé jusqu'à trois jours.

FILLES PUBLIQUES.

N° **51**. — *Procès-verbal constatant qu'une fille publique a été trouvée stationnant sur sa porte, ou appelant les passants de sa fenêtre.*

Cejourd'hui... mil huit cent..., nous, soussignés, Pierre D... et Louis L..., gardes à la 6e compagnie du 1er bataillon de la garde républicaine, casernés rue Lobau, revêtus de notre uniforme, et passant à cinq heures du soir, avant l'allumage des becs de gaz (*ou après onze heures du soir*), en la rue Saint-Honoré, vis-à-vis la maison n° 74, avons aperçu une fille qui stationnait sur la voie publique et invitait les passants à entrer chez elle. Après nous avoir déclaré se nommer Désirée N..., être âgée de vingt-trois ans, fille publique, et demeurer dans ladite maison, l'avons prévenue que nous dresserions procès-verbal contre elle pour avoir contrevenu à l'ordonnance de police qui défend aux filles publiques d'appeler les passants.

De ce que dessus, nous avons rédigé le présent procès-verbal qui sera remis en double expédition au commandant de la compagnie conformément à l'art. 27 du règlement du 30 avril 1883.

Fait et clos à Paris, les jour, mois et an que dessus.

(*Signatures des gardes.*)

(*Signalement.*)

Ce procès-verbal doit être visé pour timbre et enregistré en débet dans les quatre jours de sa date.

La contravention ci-dessus constatée à l'art. 1er de l'ordonnance de police du 7 septembre 1830 est punissable d'amende depuis 1 fr. jusqu'à 5 fr. inclusivement, par application de l'art. 471 n° 15 du Code pénal.

En cas de récidive, l'emprisonnement, pendant trois jours au plus, est prononcé par l'art. 474 dudit Code.

N° 52. — *Procès-verbal constatant qu'une fille publique a été trouvée stationnant aux abords du Palais-Royal, du Luxembourg, du Jardin des Plantes, ou de tout autre jardin public.*

Ce fait constitue contravention à l'art. 5 de l'arrêté de police du 7 septembre 1830, et est punissable d'une amende de 1 fr. à 5 fr. inclusivement, par application de l'art 471 du Code pénal.

En cas de récidive, l'emprisonnement pendant trois jours au plus est prononcé par l'art. 474 dudit Code.

Par la même ordonnance, il est défendu aux filles publiques de stationner sur leur porte ou d'appeler les passants par leur fenêtre, de stationner en groupes ou de circuler en réunion dans un espace trop resserré.

Il leur est également défendu de fréquenter les lieux déserts et obscurs, ainsi que les cabarets et autres établissements publics.

FONTAINES PUBLIQUES.

N° 53.—*Procès-verbal constatant que du linge a été lavé dans une fontaine publique.*

Cejourd'hui... mil huit cent..., à quatre heures du soir. nous, soussignés, Louis B..., maréchal des logis, et Pierre L..., garde, l'un et l'autre à la 4e compagnie du 2e bataillon de la garde républicaine, casernés rue Mouffetard, revêtus de notre uniforme, et passant rue des Tournelles, avons aperçu une femme qui lavait du linge dans la fontaine publique sise à l'angle de la rue Saint-Antoine. Nous nous sommes approchés d'elle, lui avons fait retirer de la fontaine le linge qu'elle y avait déposé, et l'avons sommée de nous suivre chez M. le commissaire de police du quartier; y étant, elle a déclaré et a été reconnue être Justine P..., couturière, rue des Tournelles, n° 70, et est convenue des faits rapportés contre elle, alléguant qu'elle ignorait qu'ils fussent défendus.

Considérant que la fille P... se trouve en contravention à l'ordonnance de police qui défend de laver du linge dans les bassins des fontaines publiques, nous avons rédigé le présent procès-verbal, qui sera remis en double expédition au commandant de la compagnie, conformément à l'art. 27 du règlement du 30 avril 1883.

Fait et clos à Paris, les jour, mois et an que dessus.

(Signatures des gardes.)

Ce procès-verbal doit être visé pour timbre et enregistré en débet dans les quatre jours de sa rédaction.

Il est défendu de laver du linge, des légumes ou tout autre objet, dans les bassins et aux abords des fontaines publiques et des bornes-fontaines, et d'y abreuver les chevaux ou autres animaux (art. 2 de l'ord. de police du 30 mars 1837).

La contravention à cette ordonnance, constatée par le procès-verbal ci-dessus, est punie d'amende depuis 1 fr. jusqu'à 5 fr. inclusivement, aux termes de l'art. 471 du Code pénal.

IMMONDICES.

N° 54. — *Procès-verbal constatant qu'un individu a jeté des immondices par la fenêtre.*

Cejourd'hui... mil huit cent..., à cinq heures et demie du soir, nous, soussignés, Jean D... et Pierre M..., gardes à la 6e compagnie du 1er bataillon de la garde républicaine, casernés rue Lobau, revêtus de notre uniforme, et passant rue de Cléry, avons aperçu un individu qui, après avoir ouvert la deuxième croisée de gauche de l'appartement du deuxième étage de la maison n° 36, renversa dans la rue un vase contenant des immondices qui rejaillirent sur les passants. Etant entrés de suite chez le concierge, et y ayant fait appeler le locataire qui occupe ledit étage, il nous a dit se nommer Simon V..., être bandagiste, âgé de vingt-neuf ans, et demeurer en ladite maison. Après lui avoir fait observer qu'il était en contravention au Code pénal, qui défend de jeter des immondices sur les personnes, nous l'avons prévenu que nous dresserions contre lui procès-verbal.

De ce que dessus, nous avons rédigé le présent procès-verbal en double expédition pour être remis au commandant de la compagnie, conformément à l'art. 27 du règlement du 30 avril 1883.

Fait et clos à Paris, les jour, mois et an que dessus.

(Signatures des gardes.)

Ce procès-verbal doit être visé pour timbre et enregistré en débet dans les quatre jours de sa date.

Seront punis d'une amende, depuis 1 fr. jusqu'à 5 fr. inclusivement, ceux qui, imprudemment, auront jeté des immondices sur quelqu'un (art. 471 n° 12 du Code pénal).

Il est défendu de rien jeter dans les rues et par les fenêtres et croisées (art. 8 de l'ord. de police du 24 nov. 1830).

Il est défendu de jeter des eaux sur la voie publique; ces eaux devront être portées au ruisseau pour y être versées de manière à ne pas incommoder les passants.

Il est également défendu d'y jeter ou faire couler des urines ou des eaux infectées (art. 10 de l'ord. de police du 8 oct. 1839).

Seront en contravention : les personnes qui jetteraient des ordures ou des eaux par les fenêtres, ainsi que celles qui secoueraient des tapis ou autres objets pouvant salir ou incommoder les passants. (Dans ces différents cas, les sous-officiers et gardes prendront auprès du concierge de la maison les renseignements dont ils pourront avoir besoin et désigneront, dans leur procès-verbal, le plus clairement possible, la fenêtre où ils ont vu commettre la contravention.) (Instr. sur le service journalier et municipal du 30 avril 1883, art. 45 n° 31.)

INCENDIE.

N° 55. — *Procès-verbal constatant un incendie.*

Cejourd'hui... mil huit cent..., à minuit, nous, soussignés, Albert V..., brigadier, et Pierre A..., garde à la 4e compagnie du 2e bataillon de la garde républicaine, casernés rue de Lille, revêtus de notre uniforme, rentrant d'un service de théâtre et passant rue de Verneuil, avons entendu proférer les cris « Au feu » partant d'une fenêtre du premier étage de la maison n° 8 de ladite rue, et au même instant nous avons vu une épaisse fumée s'échapper de l'imposte de la boutique du sieur Bernard J..., marchand de papiers peints.

Après avoir réveillé le concierge et organisé avec les voisins les premiers secours, l'un de nous est allé prévenir le poste de sapeurs-pompiers de la rue de Lille, le commissaire de police du quartier, et le capitaine de service à la place qui a immédiatement envoyé sur les lieux un détachement de trente hommes du régiment de dragons caserné au quai d'Orsay.

Les pompiers étant arrivés et leur service organisé, l'on est parvenu après deux heures de travail à arrêter les progrès de l'incendie et à protéger les étages supérieurs.

Les dommages causés par cet incendie sont tout matériels et se bornent à la perte des marchandises contenues dans le magasin, évaluées à la somme de vingt mille francs, couverte par la compagnie d'assurance « La Générale ».

Suivant la déclaration du sieur Bernard, propriétaire dudit magasin, il y a lieu d'attribuer les causes de ce sinistre à un réchaud de feu placé dans l'arrière-boutique, près de plusieurs rouleaux de papier que l'on avait voulu faire sécher pour éviter qu'ils fussent endommagés par l'humidité et qui ont dû être enflammés par l'intensité de la chaleur dégagée par le réchaud.

Nous sommes restés sur les lieux pendant tout le temps qu'ils ont été occupés par les pompiers; nous y avons maintenu l'ordre et veillé à ce que rien ne fût détourné au préjudice du propriétaire. L'incendie se trouvant entièrement éteint et notre présence n'étant plus nécessaire sur les lieux, après avoir remis à M. le commissaire de police tous les renseignements que nous avions pu recueillir, nous sommes rentrés à notre caserne où nous avons rédigé le présent procès-verbal qui sera remis en double expédition au commandant de la compagnie, conformément à l'art. 27 du règlement du 30 avril 1883.

Fait et clos à Paris, les jour, mois et an que dessus.

(Signatures des verbalisants.)

Ce procès-verbal doit être visé pour timbre et enregistré en débet dans les quatre jours de la date.

Les devoirs d'un chef de détachement sont, avant de quitter le lieu de l'incendie et de rentrer au quartier, de s'informer des causes de l'événement, d'en adresser au colonel un rapport, dans lequel il fait connaître le nom du propriétaire incendié, la rue et le numéro de la maison, le montant présumé des pertes, le nom et la demeure des personnes qui auraient péri ou auraient été seulement blessées pendant l'incendie; si la maison et les marchandises étaient assurées; qu'elle était la force du détachement venu sur les lieux; à quelle heure il y est arrivé; quand il en est parti.

Ces événements commandent aux sous-officiers, brigadiers et gardes beaucoup d'activité et de sang-froid. Leur présence sur les lieux et la bonne direction de leur service sont d'un haut intérêt pour la propriété et la vie des habitants.

Les militaires en armes qui se trouvent à un incendie sont exclusivement chargés de faire la police et de surveiller les objets qui sont déposés sur la voie publique; les piquets de travailleurs sont exclusivement chargés de former la chaîne pour le transport de l'eau à la manœuvre des pompes. Les militaires ne doivent jamais pénétrer dans les maisons pour déménager les meubles sans être formellement requis par les commissaires de police officiers ou de paix présents sur les lieux, ou les chefs des maisons incendiées.

Celui qui refuse des chevaux qu'il a dans son écurie pour conduire des pompes à incendie sur le lieu du sinistre commet une contravention à l'art. 475 nº 12 du Code pénal, lors même que ce lieu serait un territoire autre que celui du maire qui a signé la réquisition et que cet acte ne serait pas nommément pour celui qui est requis (cass., 3 juin 1848).

INSOUMIS.

Nº 56. — *Procès-verbal constatant l'arrestation d'un insoumis.*

La formule du procès-verbal nº 41 pour les militaires en état de désertion est absolument la même pour les insoumis, sauf que ce dernier procès-verbal se termine de la manière suivante :

Sur quoi nous l'avons constitué prisonnier pour être conduit, dans le plus bref délai, devant M. le commandant de recrutement de la région, qui le fera transférer, s'il y a lieu, au chef-lieu du corps d'armée, conformément à la circulaire du 13 octobre 1879.

Fait et clos à...., les jour, mois et an que dessus.

(*Signatures des gardes verbalisants.*)

Vu par moi, capitaine commandant la 2ᵉ compagnie du 1ᵉʳ bataillon de la garde républicaine, attestant que l'homme désigné au procès-verbal ci-dessus a été écroué à la prison militaire du Cherche-Midi.

A Paris, le 3 février 1884.

(*Signature du capitaine.*)

Ce procès-verbal n'est soumis ni au visa pour timbre ni à l'enregistrement.

Sont considérés comme insoumis et punis d'un emprisonnement d'un mois à un an les engagés volontaires et les hommes appelés par la loi qui, n'ayant pas déjà servi, ne sont pas rendus à leur destination, hors le cas de force majeure, dans le mois qui suit le jour fixé par leur ordre de route.

Sont également considérés comme insoumis et punis de la même peine, les hommes de la disponibilité et de la réserve de l'armée active, de l'armée territoriale et de la réserve de cette armée, à quelque catégorie qu'ils appartiennent, qui, ayant déjà servi et étant appelés à l'activité par ordre individuel, ne sont pas rendus à leur destination, hors le cas de force majeure, dans les quinze jours qui suivent celui fixé par leur ordre de route.

Les délais ci-dessus déterminés sont portés : 1º à deux mois pour les hommes demeurant en Algérie et en Europe ; 2º à six mois pour ceux demeurant dans tout autre pays.

En temps de guerre ou en cas de mobilisation par voie d'affiches et de publications sur la voie publique, les délais ci-dessus sont réduits à deux jours pour les hommes dont il est parlé aux premier et deuxièmes paragraphes du présent article et diminués de moitié pour ceux que le troisième paragraphe concerne.

En temps de guerre, la peine est de deux à cinq ans d'emprisonnement, sans préjudice des dispositions spéciales édictées par l'art. 61 de la loi du 27 juillet 1872.

Voir, pour la prime d'arrestation et autres renseignements, les notes placées à la suite du procès-verbal n° 41, *Déserteurs*.

N° 57. — *Procès-verbal constatant l'arrestation d'un militaire absent illégalement.*

Ce procès-verbal n'est soumis ni au visa pour timbre ni à l'enregistrement.

L'arrestation par les sous-officiers, brigadiers et gardes de tout militaire en état d'absence illégale depuis plus de quarante-huit heures, et avant l'expiration des délais de repentir mentionnés dans l'art. 231 du Code de justice militaire, modifié par la loi du 18 mai 1875, donne droit à une prime de 5 fr. si l'arrestation a eu lieu dans les limites de la garnison et de 6 fr. si elle a eu lieu hors de ces limites. Le droit à cette prime est constaté par des procès-verbaux de capture revêtus du visa du commandant de la compagnie, indiquant la destination qui a été donnée à chaque individu.

Contrairement à ce qui est prescrit pour les déserteurs et insoumis, il n'est pas nécessaire que les recherches aient été spécialement faites pour que le droit à la prime soit acquis. Il suffit que la capture ait été opérée vingt-quatre heures après la déclaration d'absence du militaire arrêté (lettres du ministre de la guerre aux intendants militaires des 1re et 4e divisions militaires, portant les dates des 4 juillet et 25 août 1865.)

Les dispositions du chapitre v, titre VII, du livre II du Code d'instruction criminelle, relatives à la prescription, sont applicables à l'action publique résultant d'un crime ou d'un délit de la compétence des juridictions militaires, ainsi qu'aux peines résultant des jugements rendus par ces tribunaux.

Toutefois et par exception à cette règle générale, la prescription contre l'action publique résultant de l'insoumission ou de la désertion ne commence à courir que du jour où l'insoumis ou le déserteur a atteint l'âge de quarante-sept ans, qui est la limite fixée par l'art. 2 de la loi du 26 avril 1855.

A quelque époque que l'insoumis ou le déserteur soit arrêté, il est mis à la disposition du ministre de la guerre pour compléter, s'il y a lieu, le temps de service qu'il doit encore à l'Etat (art. 184 du Code de justice militaire du 9 juin 1857).

JEUX DE HASARD.

N° 58. — *Procès-verbal constatant qu'un individu a tenu un jeu de hasard sur la voie publique.*

Cejourd'hui... mil huit cent..., à cinq heures après midi, nous, soussignés, Louis V... et Pierre L..., gardes à la 3e compagnie du 1er bataillon de la garde républicaine, casernés rue de la Banque, revêtus de notre uniforme, et passant rue des Fontaines, avons remarqué un individu qui y tenait un jeu de roulette, autour duquel plusieurs personnes jouaient de l'argent. Nous en étant approchés, nous nous sommes saisis de la personne du contrevenant, ainsi que de l'argent exposé au jeu, et qui s'élevait à la somme de quarante-trois francs vingt-cinq centimes. Ayant conduit l'inculpé chez M. le commissaire de police du quartier, à qui nous avons remis les enjeux et instruments saisis, ce magistrat a procédé à l'interrogatoire de l'inculpé, qui a déclaré se nommer Claude T..., être âgé de vingt-sept ans, menuisier, rue d'Antin, n° 18, et nous a requis de le conduire au poste pour y rester consigné jusqu'à renseignements ultérieurs.

De ce que dessus, nous avons rédigé le présent procès-verbal, qui sera remis au commandant de la compagnie, conformément à l'art. 27 du règlement du 30 avril 1883.

Fait et clos à Paris, les jour, mois et an que dessus.

(*Signatures des gardes verbalisants.*)

Ce procès-verbal doit être visé pour timbre et enregistré en débet dans les quatre jours de sa date.

Seront punis d'amende, depuis 6 fr. jusqu'à 10 fr. inclusivement, ceux qui auront établi ou tenu dans les rues, chemins, places et lieux publics, des jeux de loterie ou d'autres jeux de hasard (art. 475 n° 5 du Code pénal). Cet article ne s'applique qu'à ceux qui ont établi ou tenu dans les lieux publics des jeux de loterie ou autres jeux de hasard, et ne concerne pas les individus qui ont simplement pris part à ces jeux (cass., 19 nov. 1849).

Seront saisis et confisqués les tables, instruments, appareils des jeux ou des loteries établis dans les rues, chemins et voies publics, ainsi que les enjeux, les fonds, denrées, objets ou lots proposés aux joueurs, dans les cas de l'art. 475 (art. 477 dudit Code).

Il est défendu d'établir sur la voie publique des loteries ou d'autres jeux de hasard pour débiter ou vendre leurs marchandises (inviter les contrevenants à se rendre chez le commissaire de police).

Les jeux dits tournevires sont toutefois tolérés, mais seulement pour la vente des pains d'épices, gâteaux, bonbons non contenus dans des boîtes de prix (instr. du 30 avril 1883 sur le service journalier et municipal, art. 45 n° 36).

La peine d'emprisonnement pendant cinq jours au plus sera toujours prononcée, en cas de récidive, contre les personnes mentionnées en l'art. 475. Les individus mentionnés au n° 5 du même article qui seraient pour le même fait en état de récidive seront traduits devant le tribunal de police correctionnelle, et punis d'un emprisonnement de six jours à un mois, et d'une amende de 16 fr. à 200 fr. (art. 478 dudit Code).

L'art. 410 du Code pénal, qui punit ceux qui tiennent des maisons de jeu ou font jouer à des jeux de hasard, est applicable aux aubergistes, cabaretiers et cafetiers (cass., 12 mai 1843).

N° 59. — *Procès-verbal constatant qu'un marchand de vins a établi un jeu sur la voie publique.*

Cejourd'hui... mil huit cent.., à quatre heures après midi, nous, soussignés, Pierre P... et Jean L..., gardes à la 2e compagnie du 3e bataillon de la garde républicaine, casernés rue de Tournon, revêtus de notre uniforme, et passant place Saint-Antoine, avons vu, devant la maison occupée par le sieur Etienne M..., marchand de vins au coin du boulevard Beaumarchais, n° 4, plusieurs jeunes gens qui jouaient au jeu de tonneau, et gênaient ainsi la circulation des passants. Nous étant approchés d'eux, et leur ayant demandé si ce jeu leur appartenait, ils nous ont répondu que non, qu'il avait été placé où nous le voyions par ledit sieur M..., qui les avait engagés à y jouer pour savoir qui payerait la dépense qu'ils faisaient dans sa maison. Ledit M..., étant survenu, est convenu de ce fait, ajoutant que déjà il avait donné à jouer ainsi plusieurs fois sans que personne s'y fût opposé. Mais attendu que le fait ci-dessus constaté est une contravention à l'ordonnance de police qui interdit sur la voie publique tout jeu susceptible de gêner la circulation, nous avons prévenu ledit M... que nous dresserions contre lui le présent procès-verbal qui sera transmis en double expédition au commandant de la compagnie, conformément à l'art. 27 du règlement du 30 avril 1883.

(Signatures des gardes.)

Ce procès-verbal doit être visé pour timbre et enregistré en débet dans les quatre jours de sa date.

Les jeux de palets, de tonneau, de siam, de quilles, de volants et autres, suscepti bles de gêner la circulation ou d'occasionner des accidents, sont interdits sur la voie publique (art. 75 de l'ord. de police du 8 août 1829).

La contravention ci-dessus constatée est punie d'une amende de 1 fr. à 5 fr. inclusivement par l'art. 471 n° 15 du Code pénal.

Seront en contravention les personnes qui auront établi sur la voie publique des jeux de palets, de tonneau, de quilles et tous autres jeux capables de gêner la circulation et occasionner des accidents (art. 45 n° 28 de l'instr. du 30 avril 1883 sur le service journalier et municipal de la garde républicaine).

L'individu qui a établi un jeu de hasard sur la voie publique ne peut être acquitté par le motif que ce jeu ne fonctionnait pas au moment où le procès-verbal a été dressé (cass., 29 août 1863).

MARCHANDS DE VINS.

N° 60. — *Procès-verbal constatant qu'un marchand de vins n'a point fermé son établissement à l'heure fixée par les règlements de police.*

Cejourd'hui... mil huit cent..., à ... heures du matin, nous soussignés, Claude M..., brigadier, Jacob M... et Léon M..., gardes à la 4e compagnie du 2e bataillon de la garde républicaine, casernés à la Banque, revêtus de notre uniforme, faisant patrouille de nuit et passant vers trois heures rue Ménilmontant, avons remarqué que l'établissement n° 63, exploité par le sieur Pierre C..., marchand de vins, était encore ouvert et que plusieurs personnes y buvaient, tandis que d'autres y jouaient au billard. Nous avons engagé C... à faire sortir de chez lui les buveurs et les joueurs et à fermer sa maison. Il a sans difficulté obtempéré à notre invitation ; après quoi l'avons prévenu que, le trouvant en contravention aux ordonnances de M. le préfet de police, nous rédigerions contre lui le présent procès-verbal qui sera adressé en double expédition au commandant de la compagnie, conformément à l'art. 27 du règlement du 30 avril 1883.

Fait et clos à Paris les jour, mois et an que dessus.

(Signatures des gardes verbalisants.)

Ce procès-verbal doit être visé pour timbre et enregistré en débet dans les quatre jours de sa date.

Les cafés, marchands de vins et tous débitants de boissons qui, sans autorisation spéciale du préfet de police, ont leurs établissements ouverts à une heure indue ou même si, quoique ayant fermé, on est assuré qu'il existe une réunion chez eux, sont en contravention. Dans ces deux cas, on doit se borner à déclarer procès-verbal au cabaretier, les gardes n'ayant pas qualité pour faire ouvrir la porte de l'établissement afin d'en faire sortir les personnes qui s'y trouvent, à moins qu'il n'y ait tapage ou danger pour quelqu'un à l'intérieur (ord. du 3 avril 1819, lettres du préfet de police des 24 déc. 1835 et 11 janv. 1836, art. 255 du décret du 1er mars 1854 et ord. du 28 juill. 1879).

Sont exceptés de cette mesure générale les établissements situés dans des passages ou impasses, lesquels ne peuvent rester ouverts après l'heure de la fermeture des grilles (ord. précitée du 28 juill. 1879).

Les débitants établis *aux abords des halles*, dans le périmètre formé par le boulevard de Sébastopol et les rues Tiquetonne, Jean-Jacques Rousseau, Saint-Honoré, du Louvre et de Rivoli, sont autorisés à conserver leurs établissements ouverts *toute la nuit* pendant toute l'année.

Cette tolérance n'est accordée qu'à la condition expresse de n'ouvrir qu'une salle sur le devant, au rez-de-chaussée, et d'interdire toute espèce de jeux après deux heures du matin (ord. du 28 juillet 1879 et instr. du 30 avril 1883 sur le service municipal et journalier de la garde républicaine, art. 45 n° 22).

La contravention aux dispositions de l'ordonnance précitée est punie d'amende depuis 1 fr. jusqu'à 5 fr. inclusivement, aux termes de l'art. 471 n° 15 du Code pénal.

En cas de récidive, la peine d'emprisonnement a toujours lieu pendant trois jours au plus, par application de l'art. 474 dudit Code.

(Voyez *Tromperie.*)

MASQUES.

L'ordonnance relative aux masques est renouvelée tous les ans, à l'époque du carnaval.

Les voitures qui parcourent les boulevards le dimanche et le lundi gras doivent circuler sur une seule file; il n'y a d'exception que pour les équipages à quatre chevaux chargés de personnes masquées ou travesties, lesquels peuvent circuler sur la chaussée entre les files de voitures, mais seulement au pas.

MATÉRIAUX.

N° 61. — *Procès-verbal constatant qu'un propriétaire a fait déposer, sans autorisation, des matériaux de démolition sur la voie publique, et ne les a pas fait éclairer.*

Cejourd'hui... mil huit cent..., à trois heures du matin, nous, soussignés, Albert B..., brigadier, et Prosper V..., garde, à la 1re compagnie du 2e bataillon de la garde républicaine, casernés à Lobau, faisant patrouille rue Royale, avons remarqué que des matériaux et déblais de maçonnerie avaient été déposés au milieu de ladite rue, vis-à-vis de la maison n° 12; qu'ils n'étaient pas éclairés et entravaient la circulation sur la voie publique. Ayant fait appeler le propriétaire, nous lui avons demandé s'il avait obtenu l'autorisation de déposer ces matériaux au lieu où ils se trouvaient; il nous a répondu que son intention étant de les faire enlever le lendemain, il avait cru pouvoir se dispenser de demander à être autorisé à les y déposer momentanément. En conséquence, nous lui avons déclaré que, le trouvant en contravention à l'ordonnance de police et au Code pénal, nous dresserions procès-verbal contre lui. Sur notre demande, il a déclaré se nommer François B..., être âgé de trente-huit ans, demeurer en ladite maison dont il est le propriétaire.

De ce que dessus, et de retour à notre caserne, nous avons rédigé le présent procès-verbal en double expédition pour être remis au commandant de la compagnie, conformément à l'art. 27 du règlement du 30 avril 1883.

Fait et clos à Paris, les jour, mois et an que dessus.

(*Signatures des gardes verbalisants.*)

Ce procès-verbal doit être visé pour timbre et enregistré en débet dans les quatre jours de sa date.

Seront punis d'amende, depuis 1 fr. jusqu'à 5 fr. exclusivement, ceux qui auront embarrassé la voie publique en y déposant ou laissant sans nécessité des matériaux ou des choses quelconques qui empêchent ou diminuent la liberté ou la sûreté du passage; ceux qui, en contravention aux lois et règlements, auront négligé d'éclairer les matériaux par eux entreposés ou les excavations par eux faites dans les rues et places (art. 471 n° 4 du Code pénal).

La peine d'emprisonnement contre toutes les personnes mentionnées en l'art. 471 aura toujours lieu, en cas de récidive, pendant trois jours au plus (art. 474 dudit Code).

L'embarras sur la voie publique sans nécessité et le défaut d'éclairage des matériaux déposés sur la voie publique sont punissables même en l'absence de tout règlement à cet égard (cass., 19 fév. 1858).

Le n° 4 de l'art. 471 du Code pénal est applicable à l'étalage de marchandises fait par un marchand sur une marche en pierre de sa maison qui fait saillie sur la rue (cass., 29 août 1861).

Sont punissables les embarras causés par des démolitions ou autres objets entravant la voie publique, tels que barrières pour travaux de maçonnerie, échafaudages, tranchées pour conduites d'eau; la négligence d'éclairer la nuit ces démolitions, ou tout ce qu'on aurait la permission de laisser ou de déposer momentanément sur la voie publique.

Les matériaux de toute espèce provenant de démolition ne seront déposés sur la voie publique qu'au fur et à mesure de leur enlèvement et ne devront, sous aucun prétexte, y rester en dépôt pendant la nuit (art. 15 de l'ord. de police du 8 août 1839).

En cas d'autorisation, la quantité d'objets déposés ne devra jamais excéder le chargement d'un tombereau, et leur enlèvement complet devra toujours être effectué avant la nuit. Si, par suite de force majeure, cet enlèvement n'a pu être effectué complètement, les matériaux devront être éclairés pendant la nuit. En cas d'inexécution, il sera procédé d'office, et aux frais des contrevenants, à l'enlèvement des dépôts et au service de l'éclairage (art. 16 de ladite ordonnance).

Il est défendu de former sur la voie publique des chantiers ou ateliers pour l'approvisionnement et la taille des matériaux. Il pourra toutefois être accordé des autorisations pour des établissements à faire sur le sol même de la voie publique. Dans tous les cas, les matériaux déposés seront éclairés pendant la nuit (art. 19 de ladite ordonnance).

La nécessité mentionnée au n° 4 de l'art. 471 du Code pénal doit seulement s'entendre d'un dépôt momentané occasionné par un événement accidentel, imprévu ou de force majeure; mais elle ne saurait s'appliquer à un embarras journalier, continu ou perpétuel, tenant à un métier ou à une profession quelconque. — L'excuse tirée de la nécessité ne peut donc être invoquée par un aubergiste qui, contrairement à un arrêté municipal qui désignerait une place pour le stationnement des voitures, a laissé constamment stationner devant son auberge plusieurs voitures appartenant à des particuliers logés chez lui (cass., 19 août 1847; instr. du 30 avril 1883, art. 45 n° 2, sur le service journalier et municipal de la garde républicaine).

Voir *Entrepreneurs*. — *Réparations*.

MENDICITÉ.

N° 62. — *Procès-verbal constatant un délit de mendicité.*

Cejourd'hui... mil huit cent..., à dix heures du matin, nous, soussignés, Pierre D... et Louis R..., gardes à la 2e compagnie du 1er bataillon de la garde républicaine, casernés rue Mouffetard, revêtus de notre uniforme, et passant sur le boulevard Poissonnière, avons remarqué que devant la maison n° 72, à l'usage de café, stationnait un individu qui, bien que valide, demandait l'aumône aux passants, et principalement aux personnes qui entraient dans ce café ou qui en sortaient. Nous l'avons vu trois ou quatre fois recevoir ainsi quelques pièces de monnaie. Nous étant approchés de lui et l'ayant questionné, il nous a répondu que, se trouvant sans ouvrage, il s'était déterminé à se livrer à la mendicité quoique valide. Fouillé par nous, nous avons trouvé dans diverses poches de ses vêtements la somme de un franc quarante-cinq centimes en monnaie de billon, qu'il nous a avoué provenir de la mendicité à laquelle il s'était livré aujourd'hui, ainsi qu'il le fait depuis plusieurs mois.

Sur notre interpellation, il a déclaré se nommer Joseph L..., être âgé de vingt-sept ans, exercer la profession de scieur de long, et demeurer en garni rue..., n°... Nous avons questionné à son sujet diverses personnes habitant près du lieu où nous l'avons surpris mendiant. Toutes, et notamment le sieur L..., qui exploite ledit café, nous ont dit que depuis assez longtemps ils avaient remarqué que ledit L... mendiait habituellement dans le voisinage.

Attendu que les faits ci-dessus rapportés constituent le délit de mendicité prévu par le Code pénal, nous avons déclaré audit L... que nous l'arrêtions au nom de la loi. L'ayant conduit devant M. le procureur de la République, ce magistrat, après l'avoir interrogé, nous a requis de le déposer provisoirement en la maison de sûreté du Palais-de-Justice ; ce que nous avons fait, ainsi qu'il résulte du reçu ci-joint.

De ce que dessus, nous avons rédigé le présent procès-verbal qui sera adressé en double expédition au commandant de la compagnie, conformément à l'art. 27 du règlement du 30 avril 1883.

Fait et clos à Paris, les jour, mois et an que dessus.

(Signatures des gardes.)

(Signalement du prévenu.)

Ce procès-verbal doit être visé pour timbre et enregistré en débet dans les quatre jours de sa date.

Toute personne qui aura été trouvée mendiant dans un lieu pour lequel il existe un établissement organisé pour obvier à la mendicité, sera punie de trois à six mois d'emprisonnement, et sera, après l'expiration de sa peine, conduite au dépôt de mendicité (art. 274 du Code pénal). Dans les lieux où il n'existe pas de ces établissements, les mendiants d'habitude valides seront punis d'un mois à trois mois d'emprisonnement; s'ils ont été arrêtés hors du canton de leur résidence, ils seront punis d'un emprisonnement de six mois à deux ans (art. 275 du Code pénal). Tous mendiants, même invalides, qui auront usé de menaces ou seront entrés sans permission du propriétaire ou des personnes de sa maison, soit dans une habitation, soit dans un enclos en dépendant, ou qui feindront des plaies ou infirmités, ou qui mendieront en réunion, à moins que ce ne soit le mari et la femme, le père ou la mère ou les jeunes enfants, l'aveugle et son conducteur, seront punis d'un emprisonnement de six mois à deux ans (art. 276 du Code pénal).

Seront arrêtés et conduits devant le commissaire de police les mendiants, vagabonds ou gens sans aveu, notamment ceux trouvés la nuit couchés sur la voie publique (art. 35 n° 7 de l'instr. du 30 avril 1883 sur le service journalier et municipal de la garde républicaine).

MESSAGERIES PUBLIQUES.

N° **63.** — La loi du 30 mai 1851 et le décret du 10 août 1852 sont les seules dispositions qui réglementent les transgressions en matière de messageries publiques.

Les contraventions aux lois sur les messageries publiques que la garde républicaine est en position de constater sont les suivantes :

Contraventions justiciables des conseils de préfecture, passibles d'une amende de 5 fr. à 30 fr.

1° Lorsqu'une voiture à deux roues, servant au transport des personnes, est attelée de plus de trois chevaux, il y a contravention à l'art. 2 § 1er n° 5, et à l'art. 1er de la loi, ainsi qu'à l'art. 3 n° 2 du décret réglementaire;

2° Lorsqu'une voiture à quatre roues, servant au transport des personnes, est attelée de plus de six chevaux, il y a contravention à l'art. 2 § 1er n° 5, et à l'art. 4 de la loi, ainsi qu'à l'art. 3 n° 2 du règlement;

3° Lorsqu'un conducteur de voiture conduit ses chevaux au trot sur un pont suspendu, il y a contravention à l'art. 2 § 1er n° 6, et à l'art. 4 de la loi, ainsi qu'à l'art. 8 du règlement;

4° Lorsqu'un conducteur ne tient pas les guides ou le cordeau en passant sur un pont suspendu, il y a contravention à l'art. 2 § 1er n° 6, et à l'art. 4 de la loi, ainsi qu'à l'art. 8 du règlement;

5° Lorsqu'un conducteur ou postillon n'est pas sur le siège de sa voiture en passant sur un pont suspendu, il y a contravention à l'art. 2 § 1er n° 6, et à l'art. 4 de la loi, ainsi qu'à l'art. 8 du règlement;

6° Lorsqu'un voiturier a engagé sa voiture, attelée de plus de cinq chevaux, sur le tablier d'un pont suspendu, quand il y avait déjà sur cette travée une voiture d'un attelage supérieur à ce nombre de chevaux, il y a contravention à l'art. 1er § 1er n° 6, et à l'art. 6 de la loi, ainsi qu'à l'art. 8 du décret.

En matière de messageries et de roulage, les contraventions à juger par le conseil de préfecture sont constatées par procès-verbaux rédigés en triple expédition. Deux de ces expéditions sont adressées au préfet de police, après qu'elles ont été visées pour timbre et enregistrées; la troisième est remise au commandant de la compagnie.

Contraventions justiciables des tribunaux.

Elles sont passibles d'une amende de 16 à 200 fr., et d'un emprisonnement de six à dix jours.

1° Lorsqu'un postillon, cocher ou conducteur de voiture de messageries ne se range pas à sa droite à l'approche de toute autre voiture, de manière à laisser libre au moins la moitié de la chaussée, il y a contravention à l'art. 2 § 3 de la loi du 30 mai 1851, ainsi qu'à l'art. 9 du règlement du 10 août 1852;

2° Lorsqu'un conducteur ou cocher de voiture de messageries laisse, sans nécessité, stationner sa voiture attelée sur la voie publique, il y a contravention à l'art. 2 § 3 n° 5, et à l'art. 6 de la loi, ainsi qu'à l'art. 10 du règlement;

3° Lorsqu'un conducteur de messageries, sommé de s'arrêter, a refusé de le faire et de se soumettre aux vérifications prescrites, il y a contravention à l'art. 10 de la loi, sans préjudice des peines édictées par le Code pénal, s'il y a joint d'autres délits; par exemple, celui d'outrages envers la garde républicaine;

4° Lorsqu'un entrepreneur a mis une voiture publique de messageries en circulation avant la délivrance d'autorisation du préfet, il y a contravention à l'art. 2 § 3 n° 1 de la loi, et à l'art. 18 du règlement;

5° Lorsqu'une voiture publique à quatre roues a un chargement qui excède trois mètres, mesurés du sol jusqu'à la partie la plus élevée, il y a contravention à l'art. 2 § 3, et à l'art. 6 de la loi, ainsi qu'à l'art. 22 § 1er du règlement;

6° Lorsqu'une voiture publique à deux roues a un chargement dont la hauteur, y compris le chargement, excède deux mètres soixante centimètres, mesurés du sol à la partie la plus élevée, il y a contravention à l'art. 2 § 2 n° 2, et à l'art. 6 de la loi, ainsi qu'à l'art. 22 § 1er du règlement;

7° Lorsque le conducteur d'une voiture publique transporte des objets attachés en dehors de la bâche, il y a contravention à l'art. 2 § 3 n° 5 de la loi, ainsi qu'à l'art. 22 paragraphe dernier du règlement;

8° Lorsqu'une voiture publique transporte sur l'impériale plus de trois personnes, y compris le conducteur, ou plus de trois voyageurs, quand le conducteur est placé sur le siège du cocher, il y a contravention à l'art. 2 § 2 n° 3, et à l'art. 6 de la loi, ainsi qu'à l'art. 24 du règlement;

9° Lorsque des paquets ont été chargés sur la banquette de l'impériale, il y a contravention à l'art. 2 § 2, et à l'art. 6 de la loi, ainsi qu'à l'art. 24 §§ 2 et 3 du règlement;

10° Lorsqu'une voiture publique n'est pas pourvue d'une machine, d'un sabot et d'une chaîne à enrayer, il y a contravention à l'art. 2 § 3 n° 2, et à l'art. 6 de la loi, ainsi qu'à l'art. 27 du règlement;

11° Lorsque, dans une descente rapide, le conducteur d'une voiture publique ne fait pas usage de la machine à enrayer, ainsi que du sabot et de la chaîne d'enrayage, il y a contravention à l'art. 2 § 3 n° 6, et à l'art. 6 de la loi, ainsi qu'à l'art. 27 du règlement;

12° Lorsqu'une voiture publique circule pendant la nuit sans être éclairée par une lanterne à réflecteur, placée à droite et en avant de la voiture, il y a contravention à l'art. 2 § 2 n°s 2 et 5, et à l'art. 6 de la loi, ainsi qu'à l'art. 28 du règlement;

13° Lorsqu'une voiture publique ne porte pas à l'intérieur, dans un endroit apparent, l'estampille délivrée par l'administration des contributions indirectes, et l'indication du nombre des places de chaque compartiment, il y a contravention à l'art. 2 § 2 n° 1, et à l'art. 6 de la loi, ainsi qu'à l'art. 29 du règlement;

14° Lorsqu'une voiture publique ne porte pas à l'intérieur des compartiments : 1° le numéro de chaque place; 2° le prix de la place, du lieu de départ jusqu'à celui d'arrivée, il y a contravention à l'art. 2 § 3 n° 3, et à l'art. 6 de la loi, ainsi qu'à l'art. 30 du règlement;

15° Lorsqu'un entrepreneur a admis dans les compartiments de sa voiture un nombre de voyageurs plus grand que celui indiqué sur les panneaux, il y a contravention à l'art. 2 § 3 n° 3, et à l'art. 6 de la loi, ainsi qu'à l'art. 30 du règlement;

16° Lorsqu'un entrepreneur de voitures publiques n'a point inscrit sur un registre, coté et paraphé par le maire, les voyageurs qu'il transporte, et les ballots et paquets dont le transport lui est confié, il y a contravention à l'art. 2 § 3 n° 4, et à l'art. 6 de la loi, ainsi qu'à l'art. 31 du règlement;

17° Lorsque l'entrepreneur d'une voiture publique n'a pas remis au conducteur une copie de l'enregistrement des voyageurs et des paquets dont le transport lui est confié, et qu'il n'en a pas remis à chaque voyageur un extrait, en ce qui le concerne, avec le numéro de sa place, il y a contravention à l'art. 2 § 3 n° 4, et à l'art. 6 de la loi, ainsi qu'à l'art. 32 du règlement;

18° Lorsqu'une voiture publique, attelée de plus de deux rangs de chevaux, n'a qu'un postillon ou un seul cocher, il y a contravention à l'art. 2 § 3 n° 6, et à l'art. 6 de la loi, ainsi qu'à l'art. 33 du règlement;

19° Lorsqu'en route les postillons ou cochers descendent de leur siège, il y a contravention à l'art. 2 § 3 n° 6 de la loi, ainsi qu'à l'art. 33 du règlement;

20° Lorsque le conducteur et le postillon d'une voiture publique l'ont, l'un et l'autre, quittée dans une halte, alors qu'elle était attelée, il y a contravention à l'art. 2 § 2 n° 5, et à l'art. 6 de la loi, ainsi qu'à l'art. 34 du règlement;

21° Lorsque le postillon ou le conducteur d'une voiture servant au transport des personnes ne s'est pas rangé à sa droite et n'a pas cédé la moitié de la chaussée, il y a contravention à l'art. 2 §§ 2 et 3 n° 5, et aux art. 5 et 6 de la loi, ainsi qu'à l'art. 35 du règlement;

22° Si les relayeurs ou leurs préposés ne sont pas présents à l'arrivée et au départ de chaque voiture, et ne se sont pas assurés si les postillons n'étaient pas en état d'ivresse, il y a contravention à l'art. 2 § 2 n° 4, et à l'art. 6 de la loi, ainsi qu'à l'art. 37 du règlement;

23° Lorsque l'entrepreneur ou relayeur d'une voiture publique en a confié la conduite à un cocher âgé de moins de seize ans, il y a contravention à l'art. 2 § 3 n° 4, et à l'art. 6 de la loi, ainsi qu'à l'art. 36 du règlement;

24° Lorsque les entrepreneurs et relayeurs de voitures publiques n'ont pas, à chaque bureau de départ et d'arrivée, et à chaque relais, un registre, coté et paraphé par le maire, pour l'inscription des plaintes des voyageurs, il y a contravention à l'art. 2 § 3 n° 4, et à l'art. 6 de la loi, ainsi qu'à l'art. 39 du règlement;

25° Lorsqu'un entrepreneur de voitures publiques n'a point placardé, dans le lieu le plus apparent des bureaux et des relais, le texte des art. 16 à 38 du règlement du 10 août 1852, il y a contravention à l'art. 2 § 3 n° 4, et à l'art. 6 de la loi, ainsi qu'à l'art. 42 du règlement.

La loi du 30 mai 1851 et le décret réglementaire du 10 août 1852 ne sont, ni l'un ni l'autre, applicables aux malles-postes. Ces voitures ne sont soumises qu'aux règlements de l'administration qui les régit.

Aux termes de l'art. 28 de la loi du 30 mai 1851, les gardes et brigadiers de la garde républicaine qui ont rédigé procès-verbal en matière de messageries ou de roulage ont droit au tiers de l'amende prononcée.

Tous les procès-verbaux mentionnés ci-dessus sont visés pour timbre et enregistrés en débet dans le délai de trois jours.

(Voyez *Roulage*.)

MILITAIRES.

N° **64**. — *Procès-verbal constatant l'arrestation d'un militaire en garnison à Paris, trouvé, à une heure indue, sur la voie publique, sans permission.*

Cejourd'hui... mil huit cent..., à trois heures du matin, nous, soussignés, Pierre M..., Claude P... et Laurent S..., gardes au 3ᵉ escadron de la garde républicaine, casernés aux Célestins, étant de patrouille et passant rue des Carmes, avons fait rencontre d'un militaire isolé, que nous avons invité à nous exhiber la permission d'absence dont il devait être muni pour être en droit de se trouver à pareille heure dans les rues. Nous ayant déclaré qu'il n'en avait point, nous l'avons sommé de nous suivre au poste du Palais-de-Justice, où il nous a dit se nommer Sylvain D..., être soldat au 12ᵉ régiment de ligne, 1ʳᵉ compagnie, 3ᵉ bataillon, n° matricule 1252, et être en garnison à Paris, à la caserne de Penthièvre. D'après sa déclaration, nous l'avons fait conduire à la place Vendôme, à l'état-major, attendu qu'il n'était prévenu de crime ni délit, et nous nous sommes fait donner de sa personne le reçu ci-joint.

De ce que dessus, nous avons rédigé le présent procès-verbal qui sera remis au commandant de l'escadron, conformément à l'art. 27 du règlement du 30 avril 1883 sur le service municipal et journalier de la garde républicaine.

Fait et clos à Paris, les jour, mois et an que dessus.

(*Signatures des gardes verbalisants.*)

Ce procès-verbal, qui ne constate ni délit ni contravention judiciairement punissable, n'est soumis au visa pour timbre ni à l'enregistrement en débet.

Lorsque le militaire arrêté se trouve prévenu d'un crime ou d'un délit, il doit être consigné au poste le plus voisin, pour, ensuite, être conduit devant le commissaire de police. En ce cas, le chef du poste doit mentionner sur la feuille de service le motif pour lequel ce militaire n'a pas été conduit à l'état-major de la place, et quelles ont été les causes de son arrestation.

Voir à *Déserteurs* et à *Insoumis*.

NOYÉS.

N° **65**. — *Procès-verbal constatant qu'un individu a été retiré de la Seine asphyxié, et que les soins qui lui ont été donnés l'ont rappelé à la vie.*

Cejourd'hui... mil huit cent..., à une heure après midi, nous, soussigné, Théophile P..., garde à la 4ᵉ compagnie du 1ᵉʳ bataillon de la garde républicaine, caserné rue de Tournon, revêtu de notre uniforme, étant de service aux bains Marie, situés quai des Célestins, pour la surveillance des baigneurs, ayant été informé qu'un individu qui se baignait entre des bateaux placés en amont du pont venait de disparaître, avons sur-le-champ mandé le sieur Victor D..., attaché au service desdits bains, demeurant rue des Nonnains-d'Hyères, n°..., et nous sommes transporté, avec lui, à l'endroit qui nous avait été désigné. Ledit D..., après y avoir plongé à diverses reprises, a ramené sur l'eau le corps inanimé du baigneur. L'ayant fait transporter de suite au poste du port aux Vins, nous lui avons fait administrer les soins prescrits par l'instruction déposée dans la boîte de secours. Nos efforts furent couronnés de succès, et nous parvînmes à rappeler le mouvement et la vie dans ce corps auparavant inanimé. Les sieurs G..., commissaire de police, et P..., docteur en médecine, rue de Pontoise, n°..., que nous avions envoyé prévenir, arrivèrent au moment où l'asphyxié avait déjà repris connaissance. Sur la demande du commissaire de police, il a déclaré se nommer Félix G..., être ouvrier plombier, et demeurer rue Saint-Louis, n°.... Le médecin n'ayant vu aucun inconvénient à ce que ledit sieur G... fût reconduit en son domicile, M. le commissaire de police l'y a fait conduire.

De ce que dessus, nous avons rédigé le présent procès-verbal qui sera remis au commandant de la compagnie, conformément à l'art. 27 du règlement du 30 avril 1883.

(Signature du garde verbalisant.)

Ce procès-verbal, qui ne constate ni délit ni contravention, n'est soumis à la formalité du visa pour timbre ni à l'enregistrement en débet.

Lorsqu'il s'agit d'un individu retiré de l'eau sans mouvements, ou tombé dans un endroit d'où il n'aura pas encore été retiré, il convient de faire préparer les secours et de mander le médecin le plus voisin, ainsi que le commissaire de police du quartier.

En attendant leur arrivée, si l'individu est retiré de l'eau, les gardes lui administreront, s'il y a lieu, les secours indiqués à l'art. 75 de l'instruction sur le service journalier et municipal du 30 avril 1883.

Si un individu est trouvé blessé sur la voie publique, est retiré de l'eau asphyxié ou en état de souffrance, il faut le faire transporter de suite dans un corps-de-garde, dans tout autre endroit commode où se trouve une boîte de secours, ou même dans un hôpital s'il s'en trouve un à proximité (ord. de police du 22 déc. 1822).

Si l'individu rappelé à la vie a besoin de secours ultérieurs, il doit être transporté en son domicile. S'il ne peut être rappelé à la vie et n'est point réclamé par sa famille ou ses amis, il doit être porté à la Morgue par les soins du commissaire de police.

N° 66. — *Procès-verbal constatant qu'un individu s'est noyé en aval d'un pont et que le cadavre a été transporté à la Morgue.*

Cejourd'hui..., mil huit cent..., à trois heures après midi, nous, soussignés, Hector D... et Alexandre P..., tous deux gardes à la 6e compagnie de la garde républicaine, casernés rue Mouffetard, revêtus de notre uniforme, et passant quai d'Orsay, avons remarqué un rassemblement qui s'était formé sur le Pont-Royal, et qui suivait les mouvements d'un individu qui venait de tomber dans la Seine. Nous descendîmes aussitôt sur la berge, et là, aidés de deux mariniers nommés : le premier, Lucien M..., âgé de 24 ans, demeurant rue de la Tannerie, n° ...; et le deuxième, Sylvain M..., âgé de 42 ans, demeurant quai de la Grève, n° ..., nous prîmes un bachot affecté au service des bains Vigier, et nous nous dirigeâmes du côté où l'individu avait été vu pour la dernière fois. Deux heures après seulement, nous découvrîmes son cadavre que le courant avait jeté entre deux bateaux chargés de bois; il se trouvait arrêté par un câble destiné à amarrer lesdits bateaux. Nous le retirâmes aussitôt et le conduisîmes aux bains Vigier, où se trouvent des secours pour les noyés et asphyxiés; nous lui fîmes de suite administrer, mais infructueusement, les soins prescrits par l'instruction déposée dans la boîte de secours. M. le commissaire de police, ainsi que M. S..., médecin, que nous avons fait prévenir, étant arrivés, ce dernier visita le corps, déclara que la vie avait cessé, et qu'il n'y avait plus aucun espoir. Le magistrat précité nous ayant invités à fouiller le noyé, afin de nous assurer si nous pouvions découvrir quelques renseignements qui fissent connaître ses nom et demeure, nous ne trouvâmes, dans la poche de son pantalon, qu'un couteau et deux pièces de dix centimes. M. le commissaire de police nous requit ensuite d'accompagner le cadavre à la Morgue; ce que nous avons fait, après en avoir pris le signalement qui est le suivant : Taille d'environ un mètre sept cents millimètres, visage ovale, front haut, nez moyen, bouche grande, menton à fossette, yeux noirs, cheveux et sourcils blonds, et paraissant âgé de 40 à 45 ans; son habillement consistait en une veste en drap gris, un pantalon de même étoffe, un gilet en drap noir, une chemise en calicot sans marque, une cravate de soie noire, une paire de bas blancs, et une paire de souliers garnis de gros clous. Il n'était porteur d'aucun papier qui pût le faire reconnaître.

Des faits ci-dessus, avons rédigé le présent procès-verbal pour être remis au commandant de la compagnie, conformément à l'art. 27 du règlement du 30 avril 1883.

Fait et clos à Paris, les jour, mois et an que dessus.

(*Signatures des gardes verbalisants.*)

Ce procès-verbal, qui ne constate ni délit ni contravention, n'est point soumis au visa pour timbre ni à l'enregistrement en débet.

OMNIBUS.

Obligations imposées aux receveurs et aux cochers d'omnibus.

(ORDONNANCE DE POLICE DU 1er JUILLET 1855.)

Art. 27. — Les receveurs maintiendront l'ordre dans leurs voitures et veilleront à ce que les voyageurs se placent de manière à ne pas se gêner mutuellement. Ils seront prévenants envers le public.

Toute impolitesse, tout acte de grossièreté de leur part, seront sévèrement réprimés.

Art. 28. — Ils ne laisseront pas monter plus de voyageurs qu'il n'y aura de places indiquées, tant à l'extérieur qu'à l'intérieur des voitures.

Ils devront, avant de faire monter les voyageurs, leur demander le point de l'itinéraire où ils désirent s'arrêter.

Lorsque toutes les places seront occupées, ils lèveront le signal dit *complet*.

Art. 29. — Il leur est défendu :

1° De laisser monter dans les voitures des individus vêtus d'une manière nuisible ou incommode pour les voyageurs;

2° D'y recevoir des chiens ou d'y laisser chanter, boire ou fumer;

3° D'y recevoir des paquets qui, par leur nature, leur volume ou leur odeur, peuvent salir, gêner ou incommoder les voyageurs;

4° De laisser aucun individu se suspendre aux voitures ou s'y tenir extérieurement, de quelque manière que ce soit;

5° De laisser monter des femmes sur l'impériale;

(Ce dernier paragraphe est modifié de la manière suivante, par l'art. 1er de l'ordonnance du 12 juillet 1879 :

« L'interdiction de laisser monter les femmes sur l'impériale des omnibus n'est pas applicable aux voitures omnibus pourvues d'un escalier analogue à celui des voitures de tramways. Toutefois cette disposition n'aura son effet que sur les lignes desservies complétement par des voitures du nouveau modèle.)

6° De laisser monter, soit dans l'intérieur, soit sur l'impériale, aucun individu en état d'ivresse.

Art. 30. — Ils feront arrêter leurs voitures à la première réquisition des voyageurs, excepté sur les points désignés en l'art. 43 ci-après.

Ils ne pourront donner au cocher le signal de marcher que lorsque les voyageurs qui descendront auront quitté le marchepied de la voiture, ou lorsque ceux qui monteront seront assis.

Ils aideront les voyageurs, et surtout les femmes et les enfants, à monter ou à descendre.

Art. 31. — Tout receveur, avant d'arriver devant un bureau de correspondance, devra en prévenir les voyageurs, et il leur fera connaître les diverses destinations des correspondances.

Il délivrera des cartes indiquant la date du jour ainsi que le numéro de la voiture, et avec lesquelles les voyageurs auront droit à un bulletin de correspondance.

Art. 32. — Les receveurs visiteront, immédiatement après chaque course, l'intérieur et l'impériale de leurs voitures, et les objets oubliés qui n'auront pu être remis directement aux voyageurs devront être déposés dans les vingt-quatre heures à la préfecture de police.

Art. 33. — Ils allument, dès la chute du jour, les lanternes de leurs voitures.

Art. 34. — Tout receveur, en quittant le service, est tenu de remettre à la compagnie les papiers qui lui auront été confiés pour la conduite de la voiture.

Art. 35. — Les cochers devront conduire leurs voitures au pas : dans les marchés, dans les rues étroites où deux voitures seulement peuvent passer de front, au passage des barrières, au détour des rues, à la descente des ponts et sur tous les points de la voie publique où il existera, soit une pente rapide, soit des obstacles à la circulation.

Ils ne pourront traverser les halles du centre avant dix heures du matin.

Art. 36. — Il leur est défendu de faire galoper leurs chevaux, dans quelque circonstance que ce soit.

Ils ne pourront couper les convois ni les détachements de troupe.

Art. 37. — Les cochers tiendront constamment leur droite.

Si un obstacle les force de dévier, ils devront la reprendre aussitôt que possible.

Ils éviteront de faire passer leurs voitures à une distance moindre de 0m,70 des maisons ou des trottoirs et de mettre les roues dans le ruisseau.

Art. 38. — Il leur est interdit de faire claquer les fouets ou de les agiter sans nécessité de manière à atteindre les passants.

Art. 39. — Il leur est expressément défendu, sous les peines portées par la loi du 2 juillet 1850, de maltraiter abusivement leurs chevaux.

Art. 40. — La profession de receveur ou de cocher de voitures dites omnibus ne pourra être exercée que par des individus âgés de dix-huit ans au moins et autorisés par la préfecture de police. Ils devront être porteurs d'un permis de conduire délivré par la préfecture de police.

Art. 43. — Lorsque les receveurs et les cochers auront à prendre ou à déposer des voyageurs sur la voie publique, ils devront arrêter leurs voitures à droite des rues, conformément aux règlements.

Il leur est expressément interdit de faire arrêter leurs voitures dans les carrefours, aux embranchements des rues, à la descente des ponts et généralement dans tous les endroits où la pente est trop rapide.

Les temps d'arrêt des voitures, pour prendre et déposer les voyageurs, devront être effectués de manière à ne pas embarrasser la voie publique et à ne point interrompre la circulation des autres voitures.

Art. 44. — Il leur est défendu de quitter leurs voitures pendant le parcours de l'itinéraire.

Il ne pourra y avoir en station, sur les emplacements à ce affectés, un plus grand nombre de voitures que celui qui aura été autorisé. Toute voiture devra être gardée et maintenue dans les limites de la station.

Il est interdit aux receveurs et cochers de gêner la circulation sur les trottoirs ou dans les rues, en se réunissant en groupe, et de troubler la tranquillité publique, soit par des disputes ou des rixes, soit de toute autre manière.

Il leur est fait, en outre, expresse défense de dégrader les arbres par quelque moyen que ce soit, d'en laisser arracher l'écorce par les chevaux, et de rien faire qui soit de nature à nuire à leur conservation.

Art. 45. — Il est interdit aux cochers et receveurs d'ôter leurs habits, même pendant les chaleurs.

Il leur est défendu de fumer pendant le service.

Art. 46. — Le receveur ou cocher à qui l'autorisation de conduire aura été retirée sera tenu de rapporter, dans les vingt-quatre heures, à la préfecture de police, son bulletin d'entrée en service.

Art. 48. — Les contraventions à la présente ordonnance seront constatées par des procès-verbaux ou rapports qui seront transmis à la préfecture de police par les fonctionnaires, agents ou préposés qui les auront dressés.

Voir *Tramways.*

N° 67. — ***Procès-verbal constatant qu'un individu a contrevenu à l'ordonnance de police en conservant un chien dans une voiture publique.***

Cejourd'hui..., mil huit cent..., à dix heures du matin, nous soussignés, Pierre J... et Paul B..., gardes à la 5e compagnie du 3e bataillon de la garde républicaine, casernés à Napoléon, revêtus de notre uniforme, et étant de service pour le maintien de l'ordre à la tête de ligne des tramways du Louvre à Vincennes, avons été requis par le sieur Justin V..., chef de station de ladite ligne, à l'effet de constater qu'un voyageur persistait à vouloir garder son chien dans l'intérieur de la voiture. Ayant pénétré dans le tramway, nous avons remarqué qu'un chien était couché sur une des banquettes. Nous avons interpellé le propriétaire qui a répondu se nommer Joseph P..., âgé de trente ans, épicier, demeurant rue des Lombards, n° ..., et nous lui avons fait observer que le trouvant en contravention à l'ordonnance de police, qui défend de recevoir des chiens dans l'intérieur des voitures publiques, nous dresserions contre lui le présent procès-verbal qui sera remis en double expédition au commandant de la compagnie, conformément à l'art. 27 du règlement du 30 avril 1883.

Fait et clos à Paris, les jour, mois et an que dessus.

Ce procès-verbal doit être visé pour timbre et enregistré en débet dans les quatre jours de sa date.

Il est défendu aux receveurs des voitures publiques : 1° de laisser monter dans les voitures des individus vêtus d'une manière nuisible ou incommode pour les voyageurs; 2° d'y recevoir des chiens ou d'y laisser chanter, boire ou fumer; 3° d'y recevoir des paquets qui, par leur nature, leur volume ou leur odeur, peuvent salir, gêner ou incommoder les voyageurs (art. 29 de l'ord. de police du 1er juill. 1855).

OUTRAGES.

N° 68. — ***Procès-verbal constatant l'arrestation d'un individu prévenu d'outrages et menaces envers des militaires de la garde républicaine dans l'exercice de leurs fonctions.***

Hier douze... mil huit cent..., à dix heures et demie du soir, nous, soussignés, Louis B..., brigadier, et Pierre P..., garde à la 2e compagnie du 1er bataillon de la garde républicaine, casernés rue Mouffetard, revêtus de notre uniforme, et nous trouvant de service au poste de la place du C...., avons été envoyés par notre chef sur ladite place pour y dissiper un rassemblement occasionné par un homme ivre. Nous étant approchés de ce dernier, nous l'engageâmes à continuer son chemin, ce qu'il fit. L'un des spectateurs trouva mauvaise la mesure par nous prise, prétendant que la place était pour tout le monde, et se répandit en injures contre nous, nous traitant de misérables, de canailles, de coquins, et nous menaçant d'un bâton dont il était porteur. Nous étant emparés de sa personne, nous l'avons conduit à notre poste pour être mis à la disposition de M. le commissaire de police du quartier.

Cejourd'hui..., à neuf heures du matin, nous avons conduit l'inculpé au bureau de M. le commissaire de police, qui l'a interrogé après avoir entendu notre rapport, et à qui il a dit se nommer Cyprien B...., être maçon, âgé de 35 ans, et demeurer rue de la Tixéranderie, n° ... M. le commissaire de police nous a requis de conduire ledit individu à la préfecture de police, où nous l'avons déposé contre le reçu ci-joint.

De ce que dessus, nous avons rédigé le présent procès-verbal qui sera remis en triple expédition au commandant de la compagnie, conformément à l'art. 27 du règlement du 30 avril 1883.

Fait et clos à Paris, les jour, mois et an que dessus.

(*Signatures des gardes verbalisants.*)

(*Signalement.*)

Ce procès-verbal doit être visé pour timbre et enregistré en débet dans les quatre jours de sa date.

L'outrage fait par paroles, gestes ou menaces à tout officier ministériel ou agent dépositaire de la force publique dans l'exercice ou à l'occasion de l'exercice de ses fonctions sera puni d'une amende de 16 fr. à 200 fr. (art. 224 du Code pénal).

La peine sera de six jours à un mois d'emprisonnement si l'outrage mentionné a été dirigé contre un commandant de la force publique (art. 225 dudit Code).

Un brigadier est un commandant de la force publique quand il est à la tête d'un détachement composé même d'un seul homme (Cass., 14 janv. 1826, 9 nov. 1851, 13 mars 1853 et 24 mai 1873).

Le prévenu doit être arrêté et conduit immédiatemant devant le commissaire de police.

L'individu qui est prévenu d'outrages par paroles ou par gestes envers un membre de la garde républicaine ne peut être renvoyé des poursuites dirigées contre lui par le motif qu'il y aurait eu provocation. Cette excuse n'est pas admise par la loi (Cass., 28 août 1841).

Sera arrêté et conduit devant le commissaire de police tout individu qui outragerait ou menacerait les militaires du corps dans l'exercice de leurs fonctions ou leur ferait la déclaration mensongère d'un délit qu'il saurait n'avoir pas été commis (art. 35 n° 13 de l'instr. du 30 avril 1883, sur le service journalier et municipal de la garde républicaine).

N° **69**. — *Procès-verbal constatant l'arrestation d'un individu inculpé d'outrages publics à la pudeur, par gestes indécents.*

Cejourd'hui... mil huit cent..., à six heures et demie du soir, nous, soussignés, Louis L... et Pierre M..., gardes à la 4e compagnie du 2e bataillon de la garde républicaine, casernés rue de Tournon, revêtus de notre uniforme et passant dans la rue Montorgueil, à la hauteur de celle de Mauconseil, avons aperçu un rassemblement assez considérable occasionné par un individu qui prenait, en dansant, les poses les plus contraires à la pudeur, accompagnées de propos indécents. Nous étant approchés de lui, nous l'avons arrêté et conduit chez M. le commissaire de police du quartier, qui, après avoir entendu notre rapport, nous a requis de conduire et de déposer l'inculpé, en raison de son état d'ivresse, au poste de la pointe Saint-Eustache, pour être mis à sa disposition.

Et cejourd'hui..., à neuf heures du matin, avons extrait dudit poste l'inculpé sus-désigné, que nous avons conduit devant M. le commissaire ds police, à qui il a déclaré se nommer Edouard P..., être maçon, âgé de vingt-trois ans et demeurer rue de la Tannerie, n° 4. Interrogé sur les faits qui ont déterminé son arrestation, il a déclaré ne se souvenir de rien, en raison de l'état d'ivresse dans lequel il se trouvait. — Les faits ci-dessus rapportés constituant un délit prévu par le Code pénal, M. le commissaire de police nous a requis de conduire le prévenu à la préfecture de police où nous l'avons déposé contre un reçu.

De ce que dessus, nous avons rédigé le présent procès-verbal qui sera remis avec le reçu au commandant de la compagnie, conformément à l'art. 27 du règlement du 30 avril 1883.

Fait et clos à Paris, les jour, mois et an que dessus.

(Signatures des gardes verbalisants.)

(Signalement.)

Ce procès-verbal doit être visé pour timbre et enregistré en débet dans les quatre jours de sa date.

Toute personne qui aura commis un outrage public à la pudeur sera punie d'un emprisonnement de trois mois à un an, et d'une amende de 16 fr. à 200 fr. (art. 330 du Code pénal; loi du 13 mai 1863).

Il y a lieu à arrestation et à conduite devant le commissaire de police de ceux qui insulteraient à la morale publique par des propos ou des gestes indécents (art. 35 n° 3 de l'instr. du 30 avril 1883 sur le service journalier et municipal de la garde républicaine).

N° 70. — *Procès-verbal constatant l'exposition ou la distribution de gravures, tableaux, estampes, dessins, lithographies, etc., contraires aux bonnes mœurs.*

L'outrage aux bonnes mœurs commis soit par des discours, des écrits, des imprimés vendus ou distribués, mis en vente ou exposés dans des lieux ou réunions publics, soit par des placards ou affiches exposés aux regards du public, sera puni d'un emprisonnement d'un mois à deux ans et d'une amende de 16 fr. à 2,000 fr.

Les mêmes peines seront applicables à la mise en vente, à la distribution ou à l'exposition de dessins, gravures, peintures, emblèmes ou images obscènes. Les exemplaires de ces dessins, gravures, images, etc., seront saisis (art. 28 de la loi du 29 juill. 1881).

N° 71. — *Procès-verbal constatant qu'un individu a commis un outrage à la morale publique et religieuse, en s'emportant en invectives contre la religion et ses ministres.*

Cejourd'hui... mil huit cent..., à dix heures du matin, nous, soussignés,

Louis V... et Pierre L.... gardes à la 4e compagnie du 1er bataillon de la garde républicaine, casernés rue Mouffetard, revêtus de notre uniforme, passant en la rue des Bons-Enfants, avons aperçu un individu autour duquel s'était formé un grand rassemblement; il pérorait au milieu, s'exprimait avec véhémence et se répandait en invectives et en outrages, tant contre la religion catholique que contre ses ministres. (*Il faut relater les expressions outrageantes.*) Nous étant approchés de lui, nous l'avons sommé de garder le silence et de s'abstenir des discours qu'il proférait. Près de lui se trouvaient, comme témoins des faits ci-dessus : 1° le sieur Louis P..., marchand épicier, n° 8 de ladite rue; 2° le cocher du fiacre portant le n° 803; 3° le sieur Louis L..., porteur d'eau, place de l'Odéon, n° 4, et plusieurs autres, au nombre de cinquante ou soixante. Ce que nous avons entendu des discours du prévenu nous ayant paru constituer un outrage à la morale publique et religieuse, prévu par le Code pénal, nous nous sommes saisis de sa personne et l'avons conduit devant M. le commissaire de police du quartier, à qui il a déclaré se nommer Ferdinand D..., âgé de vingt-sept ans, imprimeur typographe, rue Bourg-l'Abbé, n° 23. Après l'avoir interrogé sur les faits par nous rapportés, M. le commissaire de police nous a requis de le conduire à la préfecture de police, où il a été déposé contre le reçu ci-joint.

De ce que dessus, et de retour à notre caserne, nous avons rédigé le présent procès-verbal en double expédition pour être remis au commandant de la compagnie, conformément à l'art. 27 du règlement du 30 avril 1883.

Fait et clos à Paris, les jour, mois et an que dessus.

(*Signatures des gardes verbalisants.*)

(*Signalement.*)

Ce procès-verbal doit être visé pour timbre et enregistré en débet dans les quatre jours de sa date.

L'outrage aux bonnes mœurs commis soit par des discours, des écrits, des imprimés vendus ou distribués, mis en vente ou exposés dans des lieux ou réunions publics, soit par des placards ou affiches exposés aux regards du public, sera puni d'un emprisonnement d'un mois à deux ans et d'une amende de 16 fr. à 2,000 fr.

Les mêmes peines sont applicables à la mise en vente, à la distribution ou à l'exposition de dessins, gravures, peintures, emblèmes ou images obscènes.

Les exemplaires de ces dessins, gravures, peintures, emblèmes ou images obscènes exposés aux regards du public, mis en vente, colportés ou distribués seront saisis (art. 28 de la loi du 29 juill. 1881).

La mise en vente, la vente à titre commercial, la distribution gratuite et l'exposition dans un lieu public de photographies obscènes constituent le délit d'outrage public aux bonnes mœurs. (Cour d'Angers, 26 mai 1873).

Seront arrêtés les individus qui porteraient atteinte à la tranquillité publique, soit en tenant des propos séditieux, soit en troublant les citoyens dans l'exercice de leur culte, et ceux qui insulteraient à la morale publique par des propos ou des gestes indécents (art. 35 nos 1 et 3 de l'instr. du 30 avril 1883 sur le service municipal et journalier de la garde républicaine).

PAILLES. — FEU.

N° **72**. — *Procès-verbal constatant qu'un individu a déposé sur la voie publique la paille provenant d'une paillasse et y a mis le feu.*

Cejourd'hui... mil huit cent..., à dix heures du matin, nous, soussignés,

Simon P... et Auguste G..., gardes à la 4e compagnie du 1er bataillon de la garde républicaine, casernés rue de Tournon, revêtus de notre uniforme, et passant rue Saint-Sulpice, avons remarqué qu'un individu déposait dans ladite rue, au coin de celle de Seine, de la paille provenant d'une paillasse et y mettait le feu. Nous étant approchés de lui, nous lui avons fait jeter de suite de l'eau sur cette paille, pour prévenir tout accident; et attendu que le fait ci-dessus constitue une contravention à l'ordonnance de police qui défend de brûler de la paille dans la rue, nous avons déclaré procès-verbal à cet individu, qui a dit se nommer Michel D..., être âgé de quarante-deux ans, marchand de volailles, et demeurer rue de Seine, n° 35.

De ce que dessus nous avons rédigé le présent procès-verbal qui sera remis en double expédition au commandant de la compagnie, conformément à l'art. 27 du règlement du 30 avril 1883.

(*Signatures des gardes verbalisants.*)

Ce procès-verbal doit être visé pour timbre et enregistré en débet dans les quatre jours de sa date.

Il est défendu de brûler de la paille dans les rues et sur aucun point de la voie publique, à peine d'amende (art. 5 de l'ord. de police du 24 oct. 1830, qui rappelle celle du 15 nov. 1781 sur le même objet, et art. 45 n° 25 de l'instr. du 30 avril 1883 sur le service journalier et municipal de la garde républicaine).

La contravention aux dispositions de l'ordonnance de police précitée est punie d'amende depuis 1 fr. jusqu'à 5 fr. inclusivement, aux termes de l'art. 471 n° 15 du Code pénal.

En cas de récidive, la peine d'emprisonnement a toujours lieu pendant trois jours au plus, par application de l'art. 474 dudit Code.

Il est défendu de brûler de la paille et autres matières inflammables sur la voie publique et d'y tirer des armes à feu, des pétards, fusées et autres pièces d'artifice (art. 114 de l'ord. de police du 25 juill. 1862).

Il est expressément défendu de brûler de la paille sur aucune partie de la voie publique, dans l'intérieur des abattoirs, des halles et marchés, dans les cours, les jardins et terrains particuliers, et d'y mettre en feu aucun amas de matières combustibles (ord. de police du 15 sept. 1875, art. 24).

PÊCHE.

N° 73. — *Procès-verbal constatant qu'un individu a été surpris péchant pendant la nuit dans la partie de la Seine, ou de la Marne, située dans le ressort de la préfecture de police.*

Voir le *Code nouveau de la pêche*, par M. Martin, ancien avocat à la Cour d'appel de Paris, chez l'éditeur, 24, rue Saint-Guillaume.

POIDS ET MESURES.

N° 74. — *Procès-verbal constatant une vente à faux poids.*

Cejourd'hui... mil huit cent..., à dix heures du matin, nous, soussignés, Dubois P... et Isnard J..., gardes à la 5e compagnie du 1er bataillon de la garde républicaine, casernés rue de Tournon, revêtus de notre uniforme, et passant devant le marché Saint-Germain, situé rue Félibien, avons remarqué qu'une discussion avait lieu entre un marchand boucher et une femme qui prétendait que le morceau de viande à elle livré ne pesait pas le poids pour lequel il lui avait été vendu. Nous étant approchés d'eux, ils ont, sur notre demande, déclaré se nommer, le premier, Bernard A..., marchand boucher, demeurant rue Félibien, 6, la deuxième, Julie Simon, couturière, rue Saint-Sulpice, n° 9. Ayant ensuite examiné les balances à l'aide desquelles le sieur Bernard venait de peser la viande livrée à la femme Simon, nous avons reconnu qu'une lame de plomb pesant environ cent cinquante grammes s'y trouvait attachée.

Attendu que le fait ci-dessus rapporté constitue un délit prévu par le Code pénal, nous avons invité le sieur Bernard à nous suivre chez M. le commissaire de police du quartier, à qui nous avons remis les balances par nous saisies pour servir de pièce à conviction. Ce magistrat, après l'avoir interrogé, nous a requis de le conduire au poste de la place Saint-Sulpice, pour y rester consigné jusqu'à renseignements ultérieurs.

De ce que dessus, nous avons rédigé le présent procès-verbal en double expédition pour être remis au commandant de la compagnie, conformément à l'art. 27 du règlement du 30 avril 1883.

Fait et clos à Paris, les jour, mois et an que dessus.

(Signatures des gardes verbalisants.)

Loi du 27 mars 1851 sur la fraude de la vente des marchandises.

Art. 3. Sont punis d'une amende de 16 fr. à 25 fr., et d'un emprisonnement de six à dix jours, ou de l'une de ces deux peines seulement, suivant les circonstances, ceux qui, sans motifs légitimes, auront, dans leurs magasins, boutiques, ateliers ou maisons de commerce, ou dans les halles, foires ou marchés, soit des poids ou mesures faux, ou autres appareils inexacts servant au pesage ou au mesurage.

Art. 5. Les objets dont la vente, l'usage ou la possession constitue le délit seront confisqués, conformément aux art. 423, 477 et 481 du Code pénal.

Art. 6. Le tribunal pourra ordonner l'affiche du jugement dans les lieux qu'il désignera, et son insertion intégrale, ou par extrait, dans les journaux qu'il désignera; le tout aux frais du condamné.

Art. 8. Les deux tiers du produit des amendes sont attribués aux communes dans lesquelles les délits auront été constatés.

La simple détention de poids et mesures non poinçonnés est assimilée à leur emploi, quant à la pénalité, et constitue une contravention à l'art. 479 n° 6 du Code pénal. Le tribunal doit en prononcer la confiscation (arrêt de la Cour de cassation du 12 mai 1854).

L'ordonnance du 17 avril 1829 sur la vérification des poids et mesures n'est applicable qu'aux professions industrielles et commerciales; elle est inapplicable aux personnes qui ne travaillent et ne vendent que le produit de leur récolte (Cass., 17 mars 1855).

La détention de faux poids et de fausses mesures est interdite à celui qui les possède à titre de marchandise et pour les vendre, tout aussi bien qu'à celui qui en fait usage pour son commerce. Par conséquent, l'on doit saisir les mesures défectueuses qui se trouvent exposées en vente dans la boutique d'un fabricant (art. 7 de la loi du 4 juill. 1837; art. 35 de l'ord. du 17 avril 1839).

Celui qui, tout en faisant usage de poids justes et légaux, fausse ces poids et trompe l'acheteur sur la quantité des choses vendues, en ajoutant au plateau de la balance où il place la marchandise un objet étranger dont le poids diminue d'autant à chaque pesée le poids réel de la marchandise, se rend coupable du délit correctionnel prévu par l'art. 423 du Code pénal (arrêt de cassation du 8 fév. 1839).

Les tromperies ou tentatives de tromperie sur le poids, la quantité ou le volume de la marchandise; la détention sans motifs légitimes soit de poids ou mesures faux ou autres appareils inexacts servant au pesage ou au mesurage, soit de substances alimentaires falsifiées, corrompues ou nuisibles; les tromperies sur la nature de la chose vendue, seront réprimées en vertu de l'art. 423 du Code pénal (ord. de police du 30 déc. 1865, art. 52, 53 et 55).

Seront punis d'une amende de 16 à 25 fr. et d'un emprisonnement de six à dix jours ou de l'une de ces deux peines seulement, suivant les circonstances, ceux qui, sans motifs légitimes, auront dans leurs magasins, boutiques, ateliers ou maisons de commerce, ou dans les halles, foires ou marchés, soit des poids ou mesures faux ou autres appareils inexacts servant au pesage ou au mesurage, soit des substances alimentaires ou médicamenteuses qu'ils sauront falsifiées ou corrompues. Si la substance falsifiée est nuisible à la santé, l'amende pourra être portée à 50 fr. et l'emprisonnement à quinze jours (art. 3 de la loi du 27 mars 1851).

PORTES OUVERTES.

N° 75. — *Procès-verbal constatant que la porte d'une maison est restée ouverte à une heure indue.*

Cejourd'hui... mil huit cent..., à une heure du matin, nous, soussignés, Pierre S... et Louis A..., gardes au 3e escadron de la garde républicaine, casernés aux Célestins, revêtus de notre uniforme, et passant rue Schomberg, avons remarqué que la porte cochère de la maison n° 8 était ouverte, tandis qu'elle aurait dû être fermée depuis deux heures. Ayant fait lever le concierge, nous lui avons fait observer que cette porte aurait dû être fermée. L'ayant invité à être désormais plus exact, il a, sur notre demande, déclaré que le propriétaire se nommait Robert B..., rentier, demeurant dans ladite maison. Le fait ci-dessus énoncé constituant une contravention à l'ordonnance de police qui fixe la fermeture des portes à neuf heures du soir du 1er novembre au 1er avril et à onze heures du soir du 1er avril au 1er novembre, nous avons prévenu le concierge que nous dresserions procès-verbal contre le sieur Robert B...

De ce que dessus, nous avons rédigé le présent procès-verbal en double expédition pour être remis au commandant de la compagnie, conformément à l'art. 27 du règlement du 30 avril 1883.

Fait et clos à Paris, les jour, mois et an que dessus.

(*Signatures des gardes.*)

Ce procès-verbal doit être visé pour timbre et enregistré en débet dans les quatre jours de sa date.

La contravention ci-dessus signalée est punie d'amende depuis 1 fr. jusqu'à 5 fr. inclusivement, par application de l'art. 471 n° 15 du Code pénal.

En cas de récidive, l'art. 474 prononce un emprisonnement de trois jours au plus.

Il est expressément défendu à tous propriétaires et locataires, dans la banlieue de Paris et les communes rurales du ressort de la préfecture de police, de laisser les portes de leurs maisons, cours ou allées ouvertes pendant la nuit. Elles devront être, en conséquence, tenues fermées à partir de neuf heures du soir du 1er novembre au 1er avril, et à partir de onze heures du 1er avril au 1er novembre.

Sont exceptés seulement de l'obligation ci-dessus les établissements publics dont les heures de fermeture sont réglés par une ordonnance spéciale.

Les contraventions à la présente ordonnance seront poursuivies conformément aux lois devant les tribunaux de police compétents (art. 1, 2 et 3 de l'ord. de police du 20 déc. 1856).

PORTEURS D'EAU.

N° 76. — *Procès-verbal constatant qu'un porteur d'eau à tonneau a exercé sans certificat de roulage délivré par la préfecture de police.*

Il est défendu aux porteurs d'eau à tonneaux :

1° De traverser les halles du centre avant dix heures du matin, en tout temps;

2° De faire stationner leurs tonneaux sur la voie publique, si ce n'est pendant le temps nécessaire pour servir leurs pratiques.

Les porteurs d'eau à tonneaux devront être munis d'une carte de sûreté ou d'un permis de séjour, et d'un livret qui sera délivré à la préfecture de police, conformément au décret du 3 octobre 1810.

Le conducteur d'un tonneau devra toujours être muni de la feuille de roulage, qui devra être visée par le commissaire de police de son quartier ou le maire de sa commune.

Il est également défendu aux porteurs d'eau de puiser à la rivière ailleurs qu'aux points autorisés, ainsi que dans les bassins des fontaines publiques et aux bornes-fontaines.

Il leur est formellement interdit de frapper leurs seaux ou de se servir d'instruments bruyants pour annoncer leur marchandise (art. 12, 13, 14, 23, 24, 25 et 26 de l'ord. de police du 7 août 1860).

Les porteurs seront obligés de remplir leurs tonneaux chaque soir avant de les remiser, et de les conduire, au premier avis d'un incendie, sur le lieu du sinistre. Une gratification de 12 fr. sera accordée au premier arrivé et une de 6 fr. au second (art. 34 de l'ord. de police du 15 sept. 1875).

POTS A FLEURS.

N° 77. — *Procès-verbal constatant qu'un individu a déposé des pots à fleurs sur l'appui de sa croisée non garnie d'un balcon ou d'un support.*

Cejourd'hui... mil huit cent..., à huit heures du matin, nous, soussignés, Louis B..., maréchal des logis, et Pierre S..., garde à la 5e compagnie du 1er bataillon de la garde républicaine, casernés à Tournon, étant de service, revêtus de notre uniforme, et passant rue Neuve-Saint-Merry, avons aperçu, sur une fenêtre du deuxième étage de la maison n° ..., des pots à fleurs qui, n'étant point entourés d'un balcon ou d'un support quelconque, compromettaient la sûreté publique et pouvaient, par leur chute, causer de graves accidents. Ayant mandé le portier de ladite maison, il nous a déclaré que la croisée où se trouvaient ces pots était celle d'une chambre occupée par le sieur François D..., tailleur d'habits. Celui-ci étant survenu, nous l'avons sommé de retirer les pots dont il s'agit, ce qu'il a fait de suite, et l'avons prévenu que, le trouvant en contravention à l'ordonnance de police, nous dresserions contre lui le présent procès-verbal qui sera remis en double expédition au commandant de la compagnie, conformément à l'art. 27 du règlement du 30 avril 1883.

Fait et clos à Paris, les jour, mois et an que dessus.

(Signatures des gardes verbalisants.)

Ce procès-verbal doit être visé pour timbre et enregistré en débet dans les quatre jours de sa date.

Il est défendu à tous propriétaires et locataires des maisons situées dans la ville de Paris, de déposer, sous aucun prétexte, et de laisser déposer sur les toits, entablements, gouttières, terrasses, murs et autres lieux élevés des maisons, des caisses, pots à fleurs, vases et autres objets pouvant nuire par leur chute.

On ne pourra former des dépôts de cette espèce que sur les grands balcons et sur les appuis des croisées garnies de petits balcons en fer ou de barres de support en fer, avec grillage en fil de fer maillé (art. 1er de l'ord. de police du 1er avril 1818).

Il est également défendu de déposer des cages et garde-manger sur aucune des parties élevées des maisons, ni d'en placer en saillie des murs de face bordant la voie publique, de quelque manière qu'ils soient attachés.

Toutes les précautions devront être prises pour qu'il ne résulte de l'arrosement des fleurs placées sur les balcons et appuis de croisées aucun écoulement d'eau sur la voie publique (art. 79 et 80 de l'ord. de police du 25 juill. 1862, et art. 45 n° 1 de l'instr. du 30 avril 1883 sur le service journalier et municipal de la garde républicaine).

Seront punis d'amende depuis 1 fr. jusqu'à 5 fr. inclusivement, ceux qui auront jeté ou exposé au-devant de leurs édifices des choses de nature à nuire par leur chute ou par des exhalaisons insalubres (art. 471 n° 6 du Code pénal).

RÉPARATIONS. — DÉMOLITIONS.

N° **78**. — *Procès-verbal constatant une contravention résultant de ce qu'un propriétaire a fait exécuter, nuitamment et sans autorisation, des travaux de réparation et de maçonnerie à la façade de sa maison donnant sur la voie publique.*

Cejourd'hui... mil huit cent..., à trois heures du matin, nous, soussignés, Hector D... et Alexandre P..., gardes à la 4e compagnie du 2e bataillon de la garde républicaine, casernés rue de Lille, 60, revêtus de notre uniforme, faisant un service de nuit, et passant rue des Lombards, avons remarqué que plusieurs ouvriers maçons étaient occupés à démolir et à réparer à mesure, partie de la façade de la maison n° ..., ce qui occasionnait, en outre, un bruit de nature à troubler la tranquillité publique. Ayant mandé le propriétaire, il est survenu et nous a déclaré se nommer André P..., être commerçant en sucre, et demeurer dans ladite maison. Interpellé de nous faire connaître s'il avait obtenu l'autorisation de procéder aux travaux actuellement exécutés à la façade de sa maison, il nous a répondu que non.

En conséquence, et attendu que les faits ci-dessus constituent une contravention aux ordonnances de police et au Code pénal, nous avons déclaré audit sieur P... que nous dresserions procès-verbal contre lui.

De ce que dessus, nous avons dressé le présent procès-verbal pour être remis en double expédition au commandant de la compagnie, conformément à l'art. 27 de l'ordonnance du 30 avril 1883.

Fait et clos à Paris, les jour, mois et an que dessus.

(*Signatures des gardes verbalisants.*)

Ce procès-verbal doit être visé pour timbre et enregistré en débet dans les quatre jours de sa date.

Il est défendu de procéder à aucune construction ou réparation de murs de face ou de clôture des bâtiments et terrains riverains de la voie publique, sans avoir justifié au commissaire de police du quartier où se feront les travaux de la permission qui aura dû être délivrée à cet effet par M. le préfet de la Seine (art. 48 de l'ord. de M. le préfet de police du 25 juill. 1862).

Il est défendu de procéder à la démolition d'aucun édifice donnant sur la voie publique sans autorisation du préfet de police (art. 11 de ladite ord.).

Seront punis d'une amende depuis 1 fr. jusqu'à 5 fr. inclusivement ceux qui auront contrevenu aux règlements légalement faits par l'autorité administrative, et ceux qui ne se seront pas conformés aux règlements ou arrêtés publiés par l'autorité municipale, en vertu des art. 3 et 4 (titre XI) de la loi du 24 août 1790, et de l'art. 46 (titre Ier) de la loi du 22 juillet 1791 (art. 471 n° 15 du Code pénal).

La peine d'emprisonnement contre toutes les personnes mentionnées en l'art. 471 aura toujours lieu, en cas de récidive, pendant trois jours au plus (art. 474 dudit Code).

Il est défendu de faire exécuter des travaux à des bâtiments de la voie publique pouvant faire craindre des accidents. Il est également défendu pendant la nuit de faire faire aux maisons riveraines de la voie publique des réparations sans autorisation du préfet de police (art. 45 n° 34 de l'instr. du 30 avril 1883 sur le service journalier et municipal de la garde républicaine).

N° 79. — *Procès-verbal constatant un dépôt de terres et gravois sur la voie publique sans autorisation du commissaire de police.*

Cejourd'hui... mil huit cent..., à deux heures de l'après-midi, nous, soussignés, Denis P... et Louis J..., gardes à la 2e compagnie du 1er bataillon de la garde républicaine, casernés rue Mouffetard, revêtus de notre uniforme, et passant dans la rue Monge, avons remarqué qu'un amas considérable de terre et de gravois avait été déposé au milieu de ladite rue, vis-à-vis la maison n° 15. Ayant été informés que ces matériaux appartenaient au sieur Pierre B..., propriétaire de ladite maison, nous l'avons fait appeler et lui avons demandé si c'était lui qui avait fait déposer lesdits objets sur la voie publique. Sur sa réponse affirmative, nous l'avons sommé de les faire enlever sans retard parce qu'ils gênaient la circulation en cet endroit. Et attendu que ce dépôt constitue de sa part une contravention aux ordonnances de police et au Code pénal, nous lui avons déclaré que nous dresserions contre lui le présent procès-verbal qui sera remis en double expédition au commandant de la compagnie, conformément à l'art. 27 du règlement du 30 avril 1883.

Fait et clos à Paris, les jour, mois et an que dessus.

(*Signatures des gardes.*)

Ce procès-verbal doit être visé pour timbre et enregistré en débet dans les quatre jours de sa date.

Ce fait constitue une contravention à l'art. 16 de l'ordonnance de police du 28 octobre 1839.

Sont punis d'une amende depuis 1 fr. jusqu'à 5 fr. ceux qui ont embarrassé la voie publique en y déposant sans nécessité des matériaux qui empêchent ou diminuent la liberté du passage.

L'art. 471 n° 4 du Code pénal, qui punit l'embarras de la voie publique, est général et s'applique à toutes les voies publiques, sans distinction entre les voies publiques urbaines et les voies publiques rurales. Embarrasser une grande route ou un chemin rural est un fait punissable, tout aussi bien que s'il s'agissait de la rue d'une ville (Cass., 9 juin 1854).

Il est défendu de déposer sur aucun point de la voie publique des pierres, terres, sables, gravois et autres matériaux, sans l'autorisation préalable du commissaire de police du quartier. La quantité des objets déposés ne devra jamais excéder le chargement d'un tombereau et leur enlèvement complet devra toujours être effectué avant la nuit.

Les matériaux, voitures, meubles, marchandises et tous les autres objets laissés pendant la nuit sur la voie publique seront éclairés aux frais et par les soins de ceux auxquels ils appartiennent (art. 98 et suivants de l'ord. de police du 25 juill. 1862, et art. 45 nº 2 de l'instr. du 30 avril 1883 sur le service journalier et municipal de la garde républicaine).

Nº 80. — *Procès-verbal constatant que devant une maison en réparation il n'a été placé personne pour prévenir et écarter les passants.*

Cejourd'hui... mil huit cent..., à l'heure de midi, nous, soussignés, Jean L... et Pierre P..., gardes à la 4ᵉ compagnie du 1ᵉʳ bataillon de la garde républicaine, casernés rue de Tournon, revêtus de notre uniforme, et passant dans la rue Sainte-Avoie, avons remarqué qu'il tombait du toit de la maison nº... quantité de morceaux de tuiles provenant des réparations que l'on faisait faire à la toiture de ladite maison, lesquels débris de tuiles pouvaient blesser les passants, personne n'ayant été placé dans la rue pour les prévenir des dangers qu'ils couraient en ne s'éloignant pas. Etant entrés dans ladite maison, nous y avons trouvé le sieur Louis B..., qui en est propriétaire, et qui exerce la profession de marchand de meubles. Nous l'avons sommé de se conformer aux dispositions de l'ordonnance de police, en faisant stationner dans la rue, pendant l'exécution des travaux, un ou deux ouvriers, âgés de 18 ans au moins, et munis d'une règle pour avertir et éloigner les passants. Et attendu que ledit sieur B... est en contravention à l'ordonnance de police précitée, nous lui avons déclaré que nous dresserions contre lui le présent procès-verbal qui sera remis en double expédition au commandant de la compagnie, conformément à l'art. 27 du règlement du 30 avril 1883.

Fait et clos à Paris, les jour, mois et an que dessus.

(*Signatures des gardes.*)

Ce procès-verbal doit être visé pour timbre et enregistré en débet dans les quatre jours de sa date.

Tous entrepreneurs maçons, couvreurs, fumistes, badigeonneurs, plombiers, menuisiers et autres, exécutant ou faisant exécuter aux maisons et bâtiments riverains de la voie publique des ouvrages pouvant faire craindre des accidents ou susceptibles d'incommoder les passants, sont tenus, s'il n'y a point de barrières au-devant des bâtiments, de faire stationner dans la rue, pendant l'exécution des travaux, un ou deux ouvriers âgés de dix-huit ans au moins, munis d'une règle de deux mètres de longueur, pour avertir et éloigner les passants (art. 64 de l'ord. de police du 25 juill. 1862 et art. 45 nº 34 de l'instr. du 30 avril 1883 sur le service journalier et municipal de la garde républicaine).

La contravention aux dispositions de l'ordonnance ci-dessus est punie d'amende, depuis 1 fr. jusqu'à 5 fr. inclusivement, par l'application de l'art. 471 nº 15 du Code pénal.

En cas de récidive, la peine d'emprisonnement, pendant trois jours au plus, est prononcée par l'art. 474 dudit Code.

Nº 81. — *Procès-verbal constatant un dépôt de bois sur la voie publique et non éclairé pendant la nuit.*

Cejourd'hui... mil huit cent..., à huit heures du soir, nous, soussignés,

Thomas B... et Sylvain A..., gardes à la 4e compagnie du 2e bataillon de la garde républicaine, casernés rue de Lille, 60, revêtus de notre uniforme, et passant rue de Bellechasse, avons remarqué qu'un amas de bois à brûler avait été déposé devant la maison n° 5, de ladite rue, près duquel ne se trouvait aucun lampion, ni lanterne allumée, ainsi que le prescrivent le Code pénal et les ordonnances de police.

Ayant été informés que ce bois appartenait au sieur Roche J..., nous l'avons fait appeler et lui ayant demandé pourquoi ce dépôt de bois n'était pas éclairé, il nous a répondu qu'il l'avait oublié.

Attendu que le fait ci-dessus constitue une contravention, nous l'avons invité à placer une lumière sur les lieux embarrassés et lui avons déclaré que nous dresserions contre lui le présent procès-verbal qui sera remis en double expédition au commandant de la compagnie, conformément à l'art. 27 du règlement du 30 avril 1883.

Fait et clos à Paris, les jour, mois et an que dessus.

(Signatures des gardes.)

Ce procès-verbal doit être visé pour timbre et enregistré en débet dans les quatre jours de sa date.

Sont punis d'une amende, depuis 1 fr. jusqu'à 5 fr. inclusivement, ceux qui ont embarrassé la voie publique en y déposant ou y laissant sans nécessité des matériaux ou des choses quelconques qui empêchent ou diminuent la liberté ou la sûreté du passage ; ceux qui, en contravention aux lois et règlements, ont négligé d'éclairer les matériaux par eux entreposés ou les excavations par eux faites dans les rues et places (art. 471 n° 4 du Code pénal).

Le défaut d'éclairage des matériaux ou autres objets déposés sur la voie publique est punissable même en l'absence de tout règlement (Cass., 19 fév. 1858).

La contravention de celui qui laisse pendant la nuit des pièces de bois ou autres matériaux dans la rue, sans les éclairer, ne peut être excusée parce qu'il faisait clair de lune ou qu'il y avait un réverbère près des matériaux (Cass., 19 juin 1846 et 15 oct. 1852.)

Les démolitions ou autres objets entravant la voie publique devront être éclairés pendant la nuit (art. 45 n° 2 de l'instr. du 30 avril 1883 sur le service municipal et journalier de la garde républicaine).

ROULAGE.

N° **82**. — La loi du 30 mai 1851 et le décret réglementaire du 10 août 1852 sont les seules dispositions qui régissent les transgressions en cette matière.

Tous les procès-verbaux constatant des contraventions à la police du roulage doivent être enregistrés en débet dans le délai de TROIS jours, à peine de nullité.

Ces contraventions que la garde républicaine est en position de constater sont celles qui suivent :

Contraventions justiciables du conseil de préfecture.

Elles sont passibles d'une amende de 5 fr. à 30 fr. :

1° Lorsqu'une voiture à deux roues, servant au transport des marchandises, est attelée de plus de cinq chevaux, il y a contravention à l'art. 2 § 1er n° 5 de la loi du 30 mai 1851, ainsi qu'à l'art. 3 n° 1 du règlement du 10 août 1852 ;

2° Lorsqu'une voiture à quatre roues, servant au transport des marchandises, est attelée de plus de huit chevaux, il y a contravention à l'art. 2 § 1er n° 5 et à l'art. 4 de la loi, ainsi qu'à l'art. 1er du règlement ;

3° Lorsqu'une voiture servant au transport des marchandises est attelée de plus de cinq chevaux de file, il y a contravention à l'art. 2 § 1er n° 5 et à l'art. 4 de la loi, ainsi qu'à l'art. 3 n° 1 du règlement ;

4° Lorsqu'un roulier ne tient pas les guides ou le cordeau, en passant un pont suspendu, il y a contravention à l'art. 2 § 1er n° 6 et à l'art. 4 de la loi, ainsi qu'à l'art. 8 du règlement ;

5° Lorsqu'un voiturier a engagé sa voiture attelée de plus de cinq chevaux sur le tablier d'un pont suspendu, quand il y avait déjà sur cette travée une voiture d'un attelage supérieur à ce nombre de chevaux, il y a contravention à l'art. 1er § 1er n° 6 et à l'art. 4 de la loi, ainsi qu'à l'art. 8 du règlement.

6° Lorsqu'un roulier a dételé un ou plusieurs de ses chevaux pour le passage d'un pont suspendu, il y a contravention à l'art. 2 § 1er n° 6 et à l'art. 4 de la loi, ainsi qu'à l'art. 8 du règlement;

7° Lorsque le chargement des voitures ne servant pas au transport des personnes a une largeur de plus de 2 m. 50 cent., il y a contravention à l'art. 2 § 2 n° 1 et à l'art. 4 de la loi, ainsi qu'à l'art. 11 du règlement;

8° Lorsque les colliers des chevaux ou autres bêtes de trait ont plus de 80 cent. de largeur, mesurés entre les points les plus saillants des pattes des attelles, il y a contravention à l'art. 2 § 2 et à l'art. 4 de la loi.

Contraventions justiciables des tribunaux correctionnels.

1° Lorsque le propriétaire ou conducteur de voitures ne servant pas au transport des personnes fait usage d'une plaque portant un nom ou un domicile supposé, il y a contravention aux art. 8, 20 et 21 de la loi du 30 mai 1851 ; — l'amende est de 50 fr. à 200 fr., et l'emprisonnement de six jours à six mois;

2° Lorsqu'une voiture ne servant pas au transport des personnes est trouvée circulant sans plaque, et que le conducteur déclare un nom ou un domicile autre que le sien, ou autre que celui du propriétaire pour le compte duquel la voiture est conduite, il y a contravention aux art. 8, 20 et 21 de la loi; — amende de 50 fr. à 200 fr., emprisonnement de six jours à six mois;

3° Si un voiturier, sommé de s'arrêter, a refusé de le faire et de se soumettre aux vérifications prescrites, il y a contravention à l'art. 10 de la loi; — amende de 16 fr. à 100 fr., sans préjudice d'autres peines, par exemple, pour outrages.

Contraventions justiciables des tribunaux de simple police.

1° Lorsqu'un roulier ne s'est pas rangé à sa droite à l'approche de toute autre voiture, de manière à laisser libre la moitié de la chaussée, il y a contravention à l'art. 2 § 2 n° 5 et à l'art. 5 de la loi, ainsi qu'à l'art. 9 du règlement; — amende de 6 fr. à 10 fr., emprisonnement de un à trois jours ; en cas de récidive, amende de 15 fr., emprisonnement de cinq jours ;

2° Lorsqu'un roulier ou conducteur de toute voiture ne servant pas au transport des personnes laisse sans nécessité stationner sa voiture, attelée ou non attelée, sur la voie publique, il y a contravention à l'art. 2 § 2 n° 5 et à l'art. 5 de la loi, ainsi qu'à l'art. 10 du règlement ; — amende de 6 fr. à 10 fr., emprisonnement de un à trois jours ; en récidive, amende de 15 fr., emprisonnement de cinq jours ;

3° Lorsqu'un convoi de plus de quatre voitures à quatre roues ne servant pas au transport des personnes, attelées chacune d'un seul cheval, est conduit par un seul conducteur, il y a contravention à l'art. 2 § 2 n° 4 et à l'art. 5 de la loi, ainsi qu'aux art. 13 et 14 du règlement ; — amende de 6 fr. à 10 fr., emprisonnement de un à trois jours;

4° Lorsqu'un convoi de plus de deux voitures ne servant pas au transport des personnes, dont une est attelée de plus d'un cheval, est conduit par un seul conducteur, il y a contravention à l'art. 2 § 2 n° 4 et à l'art. 5 de la loi, ainsi qu'à l'art. 13 du règlement ; — amende de 6 fr. à 10 fr., emprisonnement de un à trois jours ; en récidive, amende de 15 fr., emprisonnement de cinq jours ;

5° Lorsque, en cas de convoi de plusieurs voitures ne servant pas au transport des personnes, il n'y a pas entre chaque convoi au moins 50 m. de distance, il y a contravention à l'art. 2 § 2 n° 4 et à l'art. 5 de la loi, ainsi qu'à l'art. 13 du règlement; — amende de 6 fr. à 10 fr., emprisonnement de un à trois jours; en récidive, amende de 15 fr., emprisonnement de cinq jours;

6° Lorsqu'un voiturier ou conducteur de voitures ne servant pas au transport des personnes ne se tient pas à portée de ses chevaux, et en position de les guider (*par exemple, lorsqu'il est ivre*), il y a contravention à l'art. 2 § 3 n° 5 et à l'art. 5 de la loi, ainsi qu'à l'art. 14 du règlement ; amende de 6 fr. à 10 fr. ; emprisonnement de un à trois jours ;

7° Lorsqu'une voiture ne servant pas au transport des personnes marche isolément ou en tête d'un convoi, pendant la nuit, sans être pourvue d'un falot ou d'une lanterne allumée, il y a contravention à l'art. 2 § 2 n° 5 et à l'art. 5 de la loi, ainsi qu'à l'art. 15 du règlement ; -- amende de 6 fr. à 10 fr., emprisonnement de un à trois jours ; en récidive, l'amende est de 15 fr. et l'emprisonnement de cinq jours ;

8° Lorsqu'une voiture ne servant pas au transport des personnes est en circulation, sans être pourvue d'une plaque, il y a contravention aux art. 3, 7, 20 et 21 de la loi, ainsi qu'à l'art. 16 du règlement ; — amende de 6 fr. à 15 fr. contre le propriétaire, et de 1 fr. à 5 fr. contre le conducteur.

Aux termes de l'art. 28 de la loi du 30 mai 1851, les gardes et brigadiers de la garde républicaine qui ont rédigé procès-verbal en matière de roulage et de messageries ont droit au tiers de l'amende prononcée.

Les procès-verbaux en matière de roulage et de messageries font foi jusqu'à preuve contraire, lorsqu'ils sont visés pour timbre et enregistrés en débet dans les trois jours de leur date.

(Voyez *Voituriers*, où sont les spécimens d'une partie des contraventions qui précède.)

N° **83**. — *Procès-verbal constatant que le nombre des voyageurs reçus dans une voiture publique excède celui qu'elle devrait contenir.*

Cejourd'hui... mil huit cent..., à six heures du matin, nous, soussignés, Pierre K..., maréchal des logis, et Louis D..., garde à la 2ᵉ compagnie du 1ᵉʳ bataillon de la garde républicaine, casernés rue Mouffetard, revêtus de notre uniforme, et nous trouvant de service à la porte d'Italie, avons vu arriver une voiture publique faisant le service de la banlieue, appartenant au sieur Pierre B..., entrepreneur de messageries, rue Saint-Paul, n° 16, portant sur la caisse le n° 27, et sur l'estampille le n° 201. Nous en étant approchés, nous avons remarqué qu'elle contenait dix voyageurs, alors qu'elle n'a été déclarée que pour huit et qu'elle ne porte que l'indication de huit places. Sur notre demande le conducteur a dit se nommer Pierre S..., demeurer dite rue Saint-Paul, n° 18, et être aux gages du sieur B..., propriétaire de la voiture.

En conséquence, nous lui avons déclaré que nous dresserions procès-verbal tant contre lui que contre ledit sieur S..., pour avoir contrevenu aux ordonnances de police qui défendent aux conducteurs et aux entrepreneurs des voitures publiques d'admettre un plus grand nombre de voyageurs que celui prescrit par le règlement.

De ce que dessus nous avons rédigé le présent procès-verbal qui sera remis en double expédition au commandant de la compagnie, conformément à l'art. 27 du règlement du 30 avril 1883.

Fait et clos à Paris, les jour, mois et an que dessus.

(*Signatures des gardes verbalisants.*)

Ce procès-verbal doit être visé pour timbre et enregistré en débet dans les quatre jours de sa date.

Chaque voiture portera, dans l'intérieur, l'indication du nombre de places qu'elle contient, ainsi que le numéro et le prix de chaque place, du lieu de départ à celui de la destination.

Les propriétaires ou entrepreneurs de voitures publiques ne pourront y admettre un plus grand nombre de voyageurs que celui que porte l'indication ci-dessus (art. 2 et 6 de la loi du 30 mai 1851 et art. 3 et 28 de l'ord. de police du 1er juill. 1853).

Amende de 16 à 200 fr. ; emprisonnement de six à dix jours.

TAPAGES NOCTURNES.

N° **84**. — *Procès-verbal constatant l'arrestation d'un inculpé de tapage nocturne, troublant la tranquillité des habitants.*

Cejourd'hui... mil huit cent..., à onze heures et demie du soir, nous, soussignés, Louis C... et Pierre D..., gardes au 4e escadron. casernés aux Célestins, revêtus de notre uniforme, rentrant d'un service de bal, et passant boulevard Henri IV, avons rencontré un individu qui troublait la tranquillité publique en frappant à coups redoublés à la porte du n° 8 dudit boulevard et en se répandant en injures contre un locataire de ladite maison.

Nous étant approchés de lui. nous l'avons invité à cesser ce scandale. Il nous a répondu que cela ne nous regardait pas, que nous étions des canailles, des propres à rien et qu'il allait nous casser la figure.

Malgré nos exhortations, voyant que cet individu n'était pas disposé à cesser ce tapage scandaleux et continuait à nous adresser des injures, nous l'avons conduit au poste de police de la Bastille où nous l'avons consigné à notre disposition. Sur notre demande il a déclaré se nommer Germain J..., âgé de vingt-cinq ans, serrurier, demeurant quai des Célestins, n° 12.

Et cejourd'hui..., à huit heures du matin, nous avons extrait l'inculpé dudit poste et l'avons conduit devant M. le commissaire de police du quartier, qui, après l'avoir interrogé sur les faits ci-dessus, nous a requis de le transférer à la préfecture de police où il a été déposé ainsi qu'il résulte du reçu ci-joint.

De ce que dessus nous avons rédigé le présent procès-verbal en double expédition pour être remis au commandant de l'escadron, conformément à l'art. 27 du règlement du 30 avril 1883.

Fait et clos à Paris, les jour, mois et an que dessus.

(*Signatures des gardes.*)

(*Signalement.*)

Ce procès-verbal doit être visé pour timbre et enregistré en débet dans les quatre jours de sa date.

Seront punis d'une amende de 11 à 15 fr. inclusivement, les auteurs ou complices de bruits, de tapages injurieux ou nocturnes, troublant la tranquillité des habitants (art. 479 n° 8 du Code pénal).

L'art. 479 du Code pénal s'applique tout aussi bien aux bruits et tapages qui sont à la fois injurieux et nocturnes qu'à ceux qui n'ont que l'un ou l'autre de ces caractères, lorsque d'ailleurs ils ont troublé la tranquillité des habitants voisins du lieu qui en a été le théâtre (Cass., 26 août 1848).

Lorsque les bruits sont injurieux et nocturnes, s'il est constant, d'ailleurs, qu'ils ont eu lieu dans l'intérieur d'une ville, il y a présomption légale qu'ils troublent la tranquillité des habitants et ils constituent dès lors la contravention punie par l'art. 479 du Code pénal (Cass., 13 oct. 1849 et 4 août 1850).

Sont en contravention les individus qui, à onze heures du soir, chantent dans les rues, font un tapage nocturne troublant le repos public (cass., 15 avril 1853 et 30 mars 1870).

Lorsque les bruits et tapages nocturnes sont causés par des inconnus, il faut conduire les contrevenants devant l'autorité locale pour établir leur identité; mais s'ils insultent les agents de la force publique, ils doivent être immédiatement arrêtés et amenés devant le procureur de la République, conformément à l'art. 301 du décret du 1er mars 1854. A Paris, seront arrêtés et conduits devant le commissaire de police les auteurs ou complices de bruit ou tapage injurieux ou nocturne troublant la tranquillité des habitants (art. 35 n° 9 de l'instr. du 30 avril 1883 sur le service journalier et municipal de la garde républicaine).

(Voir *Bruits nocturnes.*)

THÉATRES.

N° 85. — *Procès-verbal constatant qu'un individu a contrevenu à l'ordonnance de police en fumant dans l'intérieur d'un théâtre.*

Cejourd'hui... mil huit cent..., à dix heures du soir, nous, soussignés, Lefrançois P..., brigadier, et Herbelin A..., garde, à la 5e compagnie du 3e bataillon de la garde républicaine, casernés à Napoléon, revêtus de notre uniforme, étant de service au théâtre du Châtelet, avons surpris un individu fumant un cigare dans le couloir de la deuxième galerie. Nous étant approchés de lui, nous l'avons informé qu'il était défendu de fumer dans l'intérieur du théâtre; comme il ne tenait pas compte de notre observation, nous l'avons conduit devant M. le commissaire de police de service, à qui il a déclaré se nommer Félicien B..., âgé de 23 ans, épicier, demeurant rue Cujas, n° 8.

Ce magistrat, après avoir interrogé l'inculpé, l'a prévenu qu'il serait poursuivi pour avoir contrevenu à l'ordonnance de police qui défend de fumer dans l'intérieur des théâtres.

De ce que dessus nous avons rédigé le présent procès-verbal qui sera remis en double expédition au commandant de la compagnie, conformément à l'art. 27 du règlement du 30 avril 1883.

Fait et clos à Paris, les jour, mois et an que dessus.

(*Signatures des gardes.*)

Ce procès-verbal doit être visé pour timbre et enregistré en débet dans les quatre jours de sa date.

Le service des gardes républicains, aux divers théâtres, les oblige seulement de veiller au maintien de l'ordre, et, à cet effet, de prêter main-forte aux commissaires de police ou aux officiers de paix, *qui sont spécialement chargés de la police des théâtres.*

Les gardes veillent principalement à ce que les files soient établies sur deux rangs. Ils ne doivent favoriser qui que ce soit pour le faire avancer au bureau avant son tour; n'intervenir dans les querelles que sur la réquisition du commissaire de police ou de l'officier de paix, et ne se livrer en aucun cas à l'examen des droits des personnes qui réclament leurs entrées, à quelque titre que ce soit. Ils doivent arrêter immédiatement l'individu qui se rendrait coupable d'insulte ou de rébellion aux ordres et consignes, et le conduire au bureau de police du théâtre, ou devant le commissaire de police, ou encore devant l'officier de paix (art. 5, 6, 9, 11 et 12 de la consigne générale; art. 47 et suivants de l'instr. du 30 avril 1883 sur le service municipal et journalier de la garde républicaine).

Cette défense s'étend non seulement à la salle, aux couloirs et aux escaliers, mais encore au vestibule et au péristyle du théâtre (art. 50 de l'instr. précitée).

La vente et l'offre des billets ou contremarques et le racolage ayant le trafic pour objet sont interdits sur la voie publique.

Il est défendu de fumer dans l'intérieur des théâtres si ce n'est dans les fumoirs établis conformément aux ordonnances de police.

Il est défendu de troubler la représentation ou d'empêcher les spectateurs de voir ou d'entendre le spectacle annoncé, de quelque manière que ce soit.

Tout individu arrêté, soit à la porte du théâtre, soit à l'intérieur de la salle, doit être conduit immédiatement devant le commissaire de police de service (art. 70, 87, 90 et 91 de l'ord. de police du 16 mai 1881).

TRAMWAYS.

OBLIGATIONS IMPOSÉES AUX RECEVEURS ET AUX COCHERS DES TRAMWAYS.

(Ordonnance de police du 18 novembre 1875.)

N° **86**. Les obligations imposées aux receveurs et aux cochers d'omnibus, par l'ordonnance du 1er juillet 1855 sont également applicables aux receveurs et aux cochers des tramways, sauf les modifications ci-après :

(Voir *Omnibus.*)

Art. 4. Les voitures dites tramways, dont le modèle aura été approuvé par le préfet de la Seine, devront être construites solidement et de manière à remplir toutes les conditions de sûreté, de commodité et de propreté désirables. Elles seront munies d'un frein et pourvues de lanternes à réflecteur, qui devront être allumées dès la chute du jour; ces lanternes seront disposées de manière à éclairer l'intérieur des voitures. Il sera placé à l'arrière des voitures un appareil dit *complet*, qui devra être éclairé pendant la nuit.

Les voitures seront constamment entretenues en bon état.

Art. 5. La compagnie sera tenue de se pourvoir, pour chacune de ses voitures, d'un permis de circulation indiquant le numéro et le nombre des places de la voiture.

Art. 6. Les voitures porteront à l'extérieur une inscription indiquant les points de départ et d'arrivée, et les localités intermédiaires qu'elles desserviront.

Ces indications seront répétées à l'intérieur, où seront indiquées également les correspondances avec les diverses lignes d'omnibus et de voies ferrées.

Art. 8. Le nombre des places sera indiqué, d'une manière apparente, tant à l'intérieur qu'à l'extérieur des voitures, et sur l'impériale, s'il en existe. Il ne sera pas admis de voyageurs en sus du nombre de places qui aura été déclaré. Lorsque toutes les places d'intérieur et de plate-forme seront occupées, les receveurs feront apparaître le signal *complet.*

Art. 10. Il y aura dans chaque bureau un registre coté et paraphé par la préfecture de police et destiné à recevoir les plaintes des voyageurs. Ce registre sera présenté aux voyageurs par le contrôleur, à toute réquisition.

Un avis imprimé indiquant la marche à suivre pour faire usage de la correspondance sera constamment affiché dans les bureaux et dans les voitures.

Art. 11. Dans les bureaux de départ, d'attente et de correspondance, il sera remis à chaque voyageur un numéro indicatif de l'ordre dans lequel il devra être admis dans les voitures.

Art. 14. Les enfants au-dessous de quatre ans, tenus sur les genoux, seront transportés gratuitement. Il en sera de même des bagages et paquets peu volumineux susceptibles d'être portés sur les genoux sans gêner les voisins, et dont le poids n'excédera pas 10 kilogrammes.

Un tableau indicatif du prix des places sera affiché dans l'intérieur des voitures et dans chaque bureau de départ, d'attente et de correspondance. Ce tableau portera l'estampille de la préfecture de police.

Art. 16. La compagnie ne pourra employer que des cochers et des receveurs âgés d'au moins dix-huit ans, et qui seront pourvus d'un permis de conduire et d'un bulletin d'entrée en service délivré par la préfecture de police.

Art. 20. Les receveurs seront prévenants envers le public ; ils aideront les voyageurs et surtout les femmes et les enfants à monter et à descendre.
Ils ne pourront donner au cocher le signal de marcher que lorsque les voyageurs qui descendront auront quitté le marchepied de la voiture, ou lorsque ceux qui montent auront pris place.

Art. 26. Les receveurs ou cochers seront tenus d'arrêter les voitures toutes les fois qu'ils auront à prendre ou à déposer les voyageurs.
Ces temps d'arrêt devront être effectués de manière à ne pas embarrasser la voie publique et à ne pas gêner la circulation.
Ils ne pourront avoir lieu dans les carrefours, aux embranchements des rues, à la descente des ponts et dans les endroits où la pente est trop rapide. Ils ne dureront que le temps nécessaire pour laisser monter ou descendre les voyageurs et leurs bagages, et ils devront s'opérer sans que les cochers quittent les rênes de leurs chevaux.

Art. 28. Il est défendu aux cochers de faire galoper les chevaux dans quelque circonstance que ce soit.
Il ne pourront couper les convois ni les détachements de troupes.

Art. 33. Les contrôleurs, receveurs et cochers seront revêtus d'un uniforme. Il leur est formellement interdit de le quitter et de fumer pendant le service.
(Pour les autres obligations imposées aux receveurs et cochers, voir les art. 27 et suivants de l'ordonnance de police du 1er juillet 1855, concernant les receveurs et cochers d'omnibus.)

ORDONNANCE DE POLICE DU 8 AVRIL 1875, RELATIVE AUX TRAMWAYS.

Art. 1er. Tous les rouliers, charretiers ou conducteurs de voitures quelconques, ou de bêtes de charge, circulant sur les routes où sont établies des voies ferrées à traction de chevaux, seront tenus de se garer et de laisser la voie ferrée entièrement libre au premier avertissement consistant en un coup de trompe ou de sifflet donné par les conducteurs des voitures spéciales de ladite voie.
Art. 2. Les contraventions à la présente ordonnance seront constatées par des procès-verbaux ou rapports qui seront transmis au préfet de police pour être déférés aux tribunaux compétents.

TROMPERIE DANS LA VENTE DES MARCHANDISES.

N° 87. Dans la vente des marchandises, la fraude commerciale, qui consiste à tromper l'acheteur sur la quantité et le prix des denrées par des mélanges non avoués, est punie par la loi du 27 mars 1851, qui est ainsi conçue :

Art. 1er. Seront punis des peines portées par l'art. 423 du Code pénal : 1° ceux qui falsifieront des substances ou denrées alimentaires ou médicamenteuses destinées à être vendues ; 2° ceux qui vendront ou mettront en vente des substances alimentaires ou médicamenteuses qu'ils sauront être falsifiées ou corrompues ; 3° ceux qui auront trompé ou tenté de tromper sur la *quantité* des choses livrées à des personnes auxquelles ils vendent ou achètent, soit par l'usage de faux poids ou de fausses mesures, ou d'instruments inexacts servant au pesage ou mesurage, soit par des manœuvres ou procédés tendant à fausser l'opération du pesage ou mesurege, ou à augmenter frauduleusement le poids ou le volume de la marchandise, même avant cette opération, soit enfin par des indications frauduleuses tendant à faire croire à un pesage ou mesurage antérieur et exact.

Art. 2. Si, dans les cas prévus par l'art. 423 du Code pénal ou par l'art. 1er de la présente loi, il s'agit d'une marchandise contenant des mixtions nuisibles à la santé, l'amende sera de 50 fr. à 500 fr., à moins que le quart des restitutions et les dommages-intérêts n'excèdent cette dernière somme. — Le présent article sera applicable même au cas où la falsification serait connue de l'acheteur ou consommateur.

Art. 3. Sont punis d'une amende de 16 fr. à 25 fr., et d'un emprisonnement de six à dix jours, ou de l'une de ces deux peines seulement, suivant les circonstances, ceux qui, sans motifs légitimes, auront dans leurs magasins, boutiques, ateliers ou maisons de commerce, ou dans les halles, foires ou marchés, soit des poids ou mesures faux, ou autres appareils inexacts servant au pesage ou au mesurage, soit des substances alimentaires ou médicamenteuses qu'ils sauront être falsifiées ou corrompues. — Si la substance falsifiée est nuisible à la santé, l'amende pourra être portée à 50 fr., et l'emprisonnement à quinze jours.

Art. 4. Lorsque le prévenu, convaincu de contravention à la présente loi ou à l'art. 423 du Code pénal, aura, dans les cinq années qui ont précédé le délit, été condamné pour une infraction à la présente loi ou à l'art. 423, la peine pourra être élevée jusqu'au double du maximum; l'amende prononcée par l'art. 423 et par les art. 1er et 2 de la présente loi pourra être portée jusqu'à 1,000 fr., si la moitié des restitutions et dommages-intérêts n'excède pas cette somme; le tout, sans préjudice de l'application, s'il y a lieu, des art. 57 et 58 du Code pénal.

Art. 5. Les objets dont la vente, usage et possession constitue le délit seront confisqués, conformément à l'art. 423 et aux art. 477 et 481 du Code pénal. — S'ils sont propres à un usage alimentaire ou médical, le tribunal pourra les mettre à la disposition de l'administration pour être attribués aux établissements de bienfaisance. — S'ils sont impropres à cet usage ou nuisibles, les objets seront détruits ou répandus aux frais du condamné.

Art. 6. Le tribunal pourra ordonner l'affiche du jugement dans les lieux qu'il désignera, et son insertion intégrale ou par extrait dans les journaux qu'il désignera; le tout aux frais du condamné.

Art. 7. L'art. 463 du Code pénal sera applicable aux délits prévus par la présente loi.

Art. 8. Les deux tiers du produit des amendes sont attribués aux communes dans lesquelles les délits auront été constatés.

Art. 9. Sont abrogés les art. 475 n° 14 et 479 n° 5 du Code pénal.

Loi du 5 mai 1855.

Art. 1er. Les dispositions de la loi du 27 mars 1851 sont applicables aux boissons.

Art. 2. L'art. 318 et le n° 6 de l'art. 475 du Code pénal sont et demeurent abrogés.

Les deux lois ci-dessus protègent les substances alimentaires et les boissons contre la fraude.

La tromperie sur l'usage et la *qualité* de la chose vendue ne constitue pas un fait punissable. Elle n'est punissable, dans la vente de toutes les marchandises, qu'autant qu'elle porte sur la *nature* des choses livrées, ou sur leur quantité, soit par l'usage de faux poids ou de fausses mesures ou d'instruments inexacts servant au pesage, au mesurage ou à augmenter frauduleusement le poids ou la valeur de la marchandise, même avant cette opération, soit par des manœuvres ou procédés tendant à fausser l'opération du pesage ou mesurage, soit enfin par des indications frauduleuses tendant à faire croire à un pesage ou mesurage antérieur et exact.

La tromperie sur la *qualité* ne peut donner lieu qu'à une action civile en rescision de la vente ou en réduction du prix.

Ainsi, quand des étoffes sont vendues, non au mètre, mais à la pièce, avec indication que la pièce peut faire, par exemple, trois habits, alors qu'il n'y a que de quoi en faire deux, l'acheteur est séduit par le bon marché et il est trompé sur la *quantité* de la marchandise. Cependant, ce fait qui est déloyal n'est pas punissable, parce que la tromperie n'a pas eu lieu sur la *nature* de la marchandise, et que, bien qu'elle ait eu lieu sur la *quantité*, ce n'a pas été par l'usage de faux poids ou de fausses mesures, ou par des manœuvres tendant à faire croire que la marchandise avait été mesurée avant la vente. Il y avait bien eu mensonge de la part du marchand, mais ce mensonge ne constitue pas à lui seul ce que la loi appelle manœuvre frauduleuse. C'est à l'acheteur à s'assurer s'il y a réellement une quantité d'étoffe suffisante pour confectionner les objets qu'il veut faire faire.

Vendre une toile de si mauvaise qualité qu'elle est sans valeur, étant, par exemple. brûlée au blanchissage, constitue une tromperie seulement sur la *qualité* de la chose vendue, et le marchand échappe à la peine. C'est à l'acheteur à s'assurer si ce qu'on lui vend est de bonne qualité.

La loi n'a pas défini les falsifications; c'est aux tribunaux à décider s'il y a ou non falsification par le mélange d'une substance avec une autre. Ainsi le mélange des eaux-de-vie avec le troix-six n'est pas *nécessairement* une falsification; mais, en raison des circonstances, les tribunaux peuvent décider que c'en est une : par exemple, si l'eau-de-vie n'a pas conservé le degré de force usité dans le commerce.

Le café-chicorée donne lieu aux plus graves abus, par suite de l'addition à cette substance de quantités quelquefois considérables de matières terreuses. Mais il est permis de vendre de la chicorée destinée à être prise en manière de café. Alors le marchand doit indiquer que ce qu'il vend n'est que de la chicorée, et il ne doit pas la mélanger avec le café.

Le seul fait de la détention, de l'exposition ou mise en vente, de la part d'un marchand, de boissons ou de denrées falsifiées, constitue une véritable vente dans le sens de la loi, alors même que par le fait il n'en aurait pas encore été vendu (Cass., 15 fév. et 18 août 1853).

Tromperie sur le lait.

Le lait n'est pas seulement une boisson, c'est une substance alimentaire, et, sous tous les rapports, sa falsification constitue le délit puni par l'art. 1er n° 2 de la loi du 27 mars 1851, et non pas seulement une contravention de police. Ainsi, mettre de l'eau dans le lait est un délit correctionnel alors même qu'il ne serait pas nuisible à la santé (Cass., 19 juill. 1854 et 21 mars 1855).

Le seul fait d'avoir exposé ou mis en vente du lait falsifié constitue un délit, alors même qu'il n'en aurait pas encore été vendu (Cass., 30 nov. 1850).

Tromperie sur le blé et la farine.

L'addition d'une *faible* quantité de farine de féverolle, par exemple, à la farine de froment, ne constitue pas une falsification punissable alors qu'un tel mélange est habituellement employé dans le pays comme une sorte de levure pour la bonne confection du pain dans les années humides.

Il y a tromperie punissable dans le fait de mettre en vente des sacs de blé dont la partie supérieure offre du blé de meilleure qualité que la partie inférieure (Cass., 27 avril et 8 juin 1854).

Tromperie sur le pain.

L'exposition ou mise en vente de pains ayant, par leurs signes extérieurs, un poids et une forme de nature à faire croire à un pesage antérieur et exact, constitue le délit de tentative de tromperie sur la quantité de la marchandise vendue, lorsque le juge de répression reconnaît que c'est avec intention de tromper l'acheteur que le boulanger a agi (Cass., 17 nov. 1854).

La mise en vente d'un pain n'ayant pas le poids déterminé par un arrêté municipal qui prescrit aux boulangers un pesage antérieur, doit être considérée comme un commencement d'exécution de la livraison du pain, et dès lors elle constitue la tentative de tromperie sur la quantité de la marchandise vendue.

Tromperie sur la cire.

La cire se falsifie en y introduisant, pendant la fusion, une certaine quantité de fécule de pommes de terre ou de farine. Alors elle est impropre à la plupart des usages auxquels on la destine, notamment à celui de préparer les harnais et chaussures de la cavalerie.

L'exposition en vente, dans un magasin, de paquets de bougie ne pesant pas le poids que, d'après leur forme et leur apparence, ils semblent avoir, constitue une tromperie punissable (Cass., 14 avril 1855).

Les personnes qui, par leur profession, se livrent au commerce des comestibles, des liquides et autres denrées, doivent avoir préalablement appris à en apprécier les qualités : elles doivent savoir si leurs marchandises sont saines ou gâtées, corrompues ou nuisibles ; elles ne peuvent s'excuser de leur ignorance à cet égard. La loi ayant pour but d'empêcher l'exposition en vente de tous comestibles dont l'usage pourrait être malsain ou dangereux, il n'y a pas lieu d'admettre aucune distinction entre le cas où le vice provient seulement de leur nature même, comme des cerises ou autres fruits qui sont reconnus non mûrs et malfaisants, et celui où le vice résulte de ce qu'on y a frauduleusement mêlé une substance insalubre en les fabriquant.

UNIFORME. — DÉCORATIONS.

N°. **88**. — *Procès-verbal constatant l'arrestation d'un individu inculpé d'avoir porté un uniforme et une décoration qui ne lui appartenaient pas.*

Cejourd'hui... mil huit cent..., à ... de l'après-midi, nous, soussignés, Victor R... et Lucien P..., gardes à la 4e compagnie du 1er bataillon de la garde républicaine, casernés rue de Tournon, revêtus de notre uniforme, étant de service au jardin public dit... hors la barrière Ménilmontant, avons aperçu, dans le bal qui s'y tenait, un individu revêtu d'un habit d'officier et porteur de la décoration de la Légion d'honneur. Sa contenance embarrassée nous fit présumer qu'il n'avait pas l'habitude de porter l'habit militaire. Une conversation fort animée qu'il eut avec un ancien sous-officier, à qui il s'efforçait de persuader qu'il avait fait les campagnes d'Afrique et obtenu la croix de la Légion d'honneur sur le champ de bataille, nous a convaincus qu'il en imposait, attendu que le garde R..., l'un de nous, qui avait réellement fait la guerre aux lieux où le prétendu officier disait l'avoir faite aussi, reconnut que ce dernier n'avait aucune connaissance du pays. Persuadés alors que cet individu portait illégalement un uniforme et une décoration qui ne lui appartenaient pas, nous l'avons invité à nous accompagner chez M. le commissaire de police du quartier, à l'effet de s'y faire reconnaître et de justifier de sa prétendue qualité d'officier décoré. Il s'y refusa d'abord, alléguant que nous n'avions pas le droit d'en agir ainsi et que nous commettions une faute grave en arrêtant un officier. Mais l'ayant formellement sommé de nous suivre, nous le conduisîmes chez M. le commissaire de police, à qui, sur l'interpellation qui lui en fut faite, il déclara se nommer Simon P..., être ciseleur, âgé de 32 ans, et demeurer grande rue Ménilmontant, n°... Interrogé sur les faits par nous rapportés, il répondit qu'il n'avait pris un uniforme et une décoration que pour intimider un sous-officier qui voulait détourner sa maîtresse, mais que son intention n'était pas de les porter plus longtemps. Considérant que les faits imputés audit P..., et par lui avoués, constituent le délit prévu par le Code pénal, M. le commissaire de police nous a requis de le conduire à la préfecture de police, ce que nous avons fait, ainsi qu'il résulte du reçu ci-joint.

De ce que dessus, nous avons rédigé le présent procès-verbal qui sera remis en double expédition au commandant de la compagnie, conformément à l'art. 27 du règlement du 30 avril 1883.

Fait et clos à Paris, les jour, mois et an que dessus.

(Signatures des gardes.)

(Signalement.)

Ce procès-verbal doit être visé pour timbre et enregistré en débet dans les quatre jours de sa date.

Toute personne qui aura publiquement porté un costume ou une décoration qui ne lui appartiendra pas sera punie d'un emprisonnement de six mois à deux ans (art. 259 du Code pénal).

L'art. 259 du Code pénal, qui punit le port illégal d'une décoration, ne fait pas distinction entre les ordres français et les ordres étrangers.

Cet art. 259 s'applique au port illégal du costume d'ecclésiastique. Ce costume comprend l'habit de ville, composé de la soutane, de la ceinture et du rabat (Cass., 24 juin 1852).

Les ordres étrangers dont le ruban est rouge ou comporte cette couleur en quantité plus ou moins notable tombent sous l'application de l'art. 259 précité, s'ils sont portés sans la croix (décis. présid. du 11 avril 1882 ; voir 10e vol. du *Mémorial*, où sont désignés les ordres dont il s'agit, et *Dictionnaire de la gendarmerie*, nouvelle édition, partie supplémentaire).

Sera arrêtée et conduite devant le commissaire de police, toute personne qui porterait publiquement un uniforme ou une décoration qu'elle n'aurait pas le droit de porter (art. 35 n° 10 de l'instr. du 30 avril 1883 sur le service municipal et journalier de la garde républicaine).

VAGABONDAGE.

N° **89**. — *Procès-verbal constatant l'arrestation d'un individu trouvé la nuit couché sur la voie publique, et en état de vagabondage.*

Cejourd'hui... mil huit cent..., à une heure du matin, nous, soussignés, Hector D..., Jules J... et Alexandre P..., gardes au 2e escadron de la garde républicaine, casernés aux Célestins, revêtus de notre uniforme, faisant patrouille en rentrant d'un service de bal, et nous trouvant rue de la Verrerie, avons fait rencontre d'un individu couché sur le trottoir en travers d'une porte cochère de l'allée n°... Il paraissait endormi. Nous en étant approchés et l'ayant réveillé, nous lui avons demandé pourquoi, à pareille heure, il dormait dans la rue, quelle était sa demeure et s'il avait des papiers ; à quoi il nous a répondu se nommer Auguste V..., être âgé de 27 ans, ouvrier bottier, sans ouvrage et sans asile. Nous lui avons alors déclaré que nous l'arrêtions au nom de la loi, et l'avons conduit au poste du Marché-Saint-Jean, pour y rester consigné à notre disposition.

Fouillé avec soin il n'était porteur d'aucune somme d'argent, mais il avait un couteau que nous lui avons retiré de l'une des poches de son pantalon.

A neuf heures du matin, nous l'avons conduit devant M. le commissaire de police dudit quartier, qui, sur notre rapport et après l'avoir interrogé, considérant que le fait imputé audit V... constitue le délit de vagabondage prévu par le Code pénal, nous a requis de le conduire à la préfecture de police, ce que nous avons fait, ainsi qu'il résulte du reçu ci-joint.

De ce que dessus nous avons rédigé le présent procès-verbal qui sera remis en double expédition au commandant de l'escadron, conformément à l'art. 27 du règlement du 30 avril 1883.

Fait et clos à Paris, les jour, mois et an que dessus.

(*Signatures des gardes.*)

(*Signalement.*)

Ce procès-verbal doit être visé pour timbre et enregistré en débet dans les quatre jours de sa date.

Les vagabonds ou gens sans aveu sont ceux qui n'ont ni domicile certain, ni moyens de subsistance, et qui n'exercent habituellement ni métier, ni profession (art. 269 e 270 du Code pénal).

Les individus dont l'identité est inconnue et qui sont simplement dépourvus de papiers sont conduits devant le commissaire de police qui, après interrogatoire, requiert leur arrestation, s'il y a lieu.

Seront arrêtés et conduits devant le commissaire de police, les mendiants, vagabonds ou gens sans aveu, notamment ceux trouvés la nuit couchés sur la voie publique (art. 35 n° 7 de l'instr. du 30 avril 1883, sur le service journalier et municipal de la garde républicaine).

VÉLOCIPÈDES.

N° 90. — ORDONNANCE DE POLICE CONCERNANT LA CIRCULATION DES VÉLOCIPÈDES.

(9 novembre 1874.)

Art. 1er. — A l'avenir les vélocipèdes circulant pendant le jour sur la voie publique devront être pourvus de grelots suffisamment sonores pour annoncer d'assez loin leur approche. Ils seront éclairés, dès la chute du jour, au moyen d'un falot ou d'une lanterne, à l'instar des voitures.

Art. 2. — Les vélocipèdes devront être, en outre, pourvus d'une plaque indiquant le nom et le domicile du propriétaire, ainsi qu'un numéro d'ordre, si le propriétaire est loueur de vélocipèdes.

Art. 3. — Les vélocipèdes circulant sur la voie publique, qui ne seront pas conformes aux prescriptions des art. 1er et 2 ci-dessus, seront saisis et envoyés à la fourrière.

Les personnes qui en feront usage seront, en outre, poursuivies devant le tribunal compétent.

Art. 4. — Il est défendu de circuler sur des vélocipèdes dans les voies publiques dont la nomenclature est indiquée à la suite de la présente ordonnance.

Les personnes faisant usage de vélocipèdes devront également s'abstenir de passer et de s'exercer sur les points qui pourront leur être interdits, suivant les nécessités de la circulation, par les agents chargés d'assurer la liberté et la sûreté de la voie publique. Les mêmes personnes devront modérer la rapidité de leur course dans les voies fréquentées pour éviter les accidents.

Art. 5. — Il est défendu de faire passer les vélocipèdes sur les trottoirs, ainsi que sur les contre-allées des boulevards, et généralement sur toutes les parties des voies et promenades publiques exclusivement réservées aux piétons.

Art. 6. — En cas de résistance aux injonctions des agents, les contrevenants seront arrêtés et conduits immédiatement devant le commissaire de police du quartier, qui prendra toutes les mesures nécessaires.

Art. 7. — Les contraventions à la présente ordonnance seront constatées par des procès-verbaux ou rapports qui seront déférés aux tribunaux compétents.

Art. 8. — La présente ordonnance sera imprimée et affichée.

VOIES INTERDITES A LA CIRCULATION DES VÉLOCIPÈDES.

VOIES.	ARRONDISSEMENTS.
Boulevard de la Madeleine	1er et 8e
Rue de Rivoli	1er et 4e
— Saint-Honoré	1er et 8e
— des Petits-Champs à partir de la rue Vivienne jusqu'au boulevard	1er et 2e
— de Richelieu	1er et 2e
— Croix-des-Petits-Champs	1er
— Montmartre	1er et 2e
— du Pont-Neuf	1er
— Saint-Denis	1er et 2e
Enfin, les rues comprises dans le périmètre des Halles, avant 10 heures du matin en été, et 11 heures en hiver	1er
Rue Vivienne	1er et 2e
— de la Paix	2e
— Saint-Martin	3e et 4e
— du Temple	3e et 4e
— Vieille-du-Temple	3e et 4e
— Saint-Antoine	4e
— Dauphine	6e
— de Buci	6e
Rond-point de la rue de l'Abbé-de-l'Epée prolongée, en face de la grille de sortie du jardin du Luxembourg	6e
Rue du Bac	7e
Avenue des Champs-Elysées	8e
— de Marigny	8e
— d'Antin	Id.
— Montaigne	Id.
Place de l'Étoile	Id.
— de la Concorde	Id.
— de la Madeleine	Id.
— du Havre	Id.
Rue Royale	Id.
— du Havre	Id.
Avenue du Bois-de-Boulogne (ancienne avenue de l'Impératrice	16e
Avenue de la Grande-Armée, chaussée latérale, côté gauche en descendant	16e

N° **91**. — *Procès-verbal constatant qu'un individu a circulé dans Paris, monté sur un vélocipède non pourvu de grelots ni de falot.*

Cejourd'hui cinq mars... mil huit cent..., à huit heures du soir, nous, soussignés, Jean P... et Léon B..., gardes à la 4e compagnie du 2e bataillon de la garde républicaine, casernés rue de Lille, revêtus de notre uniforme et passant rue du Bac, avons vu venir à nous un individu monté sur un vélocipède non pourvu de grelots et qui circulait sans être éclairé. Nous en étant approchés et l'ayant fait arrêter, nous lui avons fait observer qu'il était imprudent de circuler dans cette rue la nuit, sur un vélocipède non éclairé. Et, sur notre demande, il a déclaré se nommer Constant J..., âgé de 23 ans, rentier, demeurant rue de Verneuil, n° 11, ce dont nous nous sommes assurés par l'examen de la plaque apposée sur le véhicule. Nous l'avons ensuite prévenu que nous dresserions contre lui procès-verbal pour avoir contrevenu à l'ordonnance de police qui prescrit aux personnes faisant usage de vélocipèdes la nuit, d'être pourvus d'un falot éclairé et de grelots suffisamment sonores.

De ce que dessus nous avons rédigé le présent procès-verbal qui sera remis en double expédition au commandant de la compagnie, conformément à l'art. 27 du règlement du 30 avril 1883.

Fait et clos à Paris, les jour, mois et an que dessus.

(*Signatures des gardes verbalisants.*)

Ce procès-verbal doit être visé pour timbre et enregistré en débet dans les quatre jours de sa date.

Les personnes faisant usage de vélocipèdes seront pourvues de grelots suffisamment sonores pour annoncer de loin leur approche et lesdits véhicules seront munis d'une plaque indiquant le nom et l'adresse de leurs propriétaires.

Les vélocipèdes circulant dans les rues de Paris devront être éclairés, dès la chute du jour, au moyen d'un falot ou d'une lanterne, à l'instar des voitures.

Les personnes montées sur des vélocipèdes ne devront circuler que sur les voies publiques autorisées à cet effet (art. 4 de l'ord. de police du 9 nov. 1874 et art. 45 n° 14 de l'instr. du 30 avril 1883, sur le service journalier et municipal de la garde républicaine).

VIDANGES.

N° 92. — *Procès-verbal constatant que les employés des entrepreneurs de vidanges ont fait circuler dans Paris, avant l'heure prescrite, une voiture ordinairement employée aux vidanges.*

Cejourd'hui... mil huit cent..., à neuf heures du soir, nous, soussignés, Auguste R... et Félix C..., gardes à la 2ᵉ compagnie du 1ᵉʳ bataillon de la garde républicaine, casernés rue Mouffetard, revêtus de notre uniforme, et passant rue de Richelieu, avons rencontré une voiture numérotée 415, employée d'ordinaire au service des vidanges et qui traversait ladite rue. Nous étant approchés du conducteur, il a, sur notre interpellation, déclaré se nommer Michel P..., demeurer barrière du Combat, n°..., et être au service des sieurs T... et compagnie, entrepreneurs de vidanges, rue Bichat, n°...

La circulation de cette voiture dans Paris avant dix heures du soir en cette saison constituant une contravention à l'ordonnance de police, nous avons rédigé le présent procès-verbal qui sera remis en double expédition au commandant de la compagnie, conformément à l'art. 27 du règlement du 30 avril 1883.

Fait et clos à Paris, les jour, mois et an que dessus.

(*Signatures des gardes.*)

Ce procès-verbal doit être visé pour timbre et enregistré en débet dans les quatre jours de sa date.

Les vidanges des fosses d'aisances ne pourront avoir lieu que pendant la nuit.

Les voitures employées à ce service, chargées ou non chargées, ne peuvent circuler dans Paris, savoir :

Pendant l'hiver, avant 10 heures du soir, ni après 9 heures du matin.

Pendant l'été, avant 10 heures du soir, ni après 8 heures du matin.

Les voitures d'équipe seront admises à circuler une heure plus tôt et une heure plus tard (art. 4 de l'ord. de police du 22 août 1867).

Pour la vidange des fosses auxquelles sera appliqué, en ce qui concerne la désinfection des gaz dans les tonnes de transport, le système employé par la Compagnie Lesage, ou tout autre procédé similaire procurant la même désinfection, en ce qui concerne les autres entrepreneurs de vidanges, les heures de travail sont réglées comme il suit :

En hiver, du 1er octobre au 31 mars, de 10 heures et demie du soir à 8 heures du matin.

En été, du 1er avril au 30 septembre, de 10 heures et demie du soir à 7 heures du matin (arrêté du préfet de police du 11 déc. 1880).

Dans le périmètre des Halles centrales, lequel est limité par les rues du Louvre, St-Honoré, J.-J. Rousseau, Coquillière, du Jour, Montmartre, de Turbigo, aux Ours, le boulevard de Sébastopol, les quais de la Mégisserie et de l'Ecole, toutes ces voies inclusivement, la vidange devra se faire en hiver et en été, de 9 heures du soir à 3 heures du matin (arrêté du préfet de police du 28 fév. 1882).

La Compagnie des vidanges inodores dont le siège est à Paris, boulevard Magenta, n° 66, est autorisée à étendre ses opérations de vidange à vapeur de jour dans les XIe, XIIe, XIIIe, XIVe, XVe et XVIe arrondissements, à l'exception des voies qui suivent :

XIe arrondissement.

Rues du Faubourg-du-Temple, Oberkampf, du Chemin-Vert, de la Roquette, du Faubourg-St-Antoine, boulevard Voltaire, rues Popincourt, Saint-Maur, Saint-Sébastien, de la Folie-Méricourt, d'Angoulême, de Charonne et de Lappe.

XIIe arrondissement.

Voies exceptées :

Rues du Faubourg-St-Antoine, de Reuilly, de Charenton, de Lyon (du commencement à la rue des Charbonniers), Claude Decaen, de la Nativité, de Nicolaï, et toutes les rues comprises entre la rue du Faubourg-St-Antoine, le boulevard Diderot et le boulevard Contrescarpe.

XIIIe arrondissement.

Sauf les voies :

Boulevard de l'Hôpital, des deux côtés, de la Seine au boulevard St-Marcel, l'avenue d'Italie, les rues Nationale et Vandrezanne.

XIVe arrondissement.

Sauf les rues :

De la Gaieté et de Vanves, les avenues d'Orléans et de Châtillon.

XVe arrondissement.

Sauf les voies :

Rue du Commerce, boulevard Montparnasse (de la rue de Vaugirard à la gare de l'Ouest), les rues Lecourbe, Blomet, Cambronne, du Théâtre et de Vaugirard (depuis la rue de la Procession jusqu'aux fortifications).

XVIe arrondissement.

Sauf les voies :

Rue de Passy, avenue du Bois-de-Boulogne, les avenues de la Grande-Armée, d'Eylau, Kléber, Marceau, du Trocadéro, de l'Alma, de Versailles, rues de la Tour, de la Pompe, de la Fontaine, d'Auteuil, Michel-Ange, la chaussée de la Muette, le quai de Billy.

L'autorisation accordée ne pourra comprendre aucune des voies du Xe arrondissement.

La Compagnie pourra étendre ses opérations à toutes les voies du XVIIe arrondissement qui lui ont été interdites par les autorisations précédentes, à l'exception de l'avenue Wagram, dans la partie de cette avenue qui est comprise entre la place de l'Etoile et l'avenue des Ternes.

Les opérations de vidange de jour sont néanmoins interdites autour des monuments publics qui peuvent se trouver sur le parcours des voies autorisées, tels que mairies, écoles, casernes, églises, etc.

La présente autorisation est accordée à la Compagnie à titre d'expérimentation ; elle est et demeure essentiellement révocable au gré de l'administration, sans avertissement ni indemnité (arrêté du préfet de police du 31 déc. 1881).

La contravention constatée par le procès-verbal ci-dessus est punie d'amende depuis 1 fr. jusqu'à 5 fr. inclusivement, par l'art. 471 n° 15 du Code pénal.

En cas de récidive, la peine d'emprisonnement, pendant trois jours au plus, est toujours prononcée en vertu de l'art. 474 dudit Code.

N° **93**. — *Procès-verbal constatant que le travail de la vidange a commencé avant l'arrivée des voitures.*

L'extraction des matières ne pourra commencer avant l'arrivée des voitures. Les voitures d'équipe pourront circuler dans Paris deux heures plus tôt et deux heures plus tard que les voitures affectées au transport des matières de vidange. Les ustensiles servant au transport de la vidange ne pourront être transportés que dans des voitures qui devront être fermées (ord. du 7 juill. 1852).

L'art. 4 de l'ord. du 5 juin 1834 défend aux entrepreneurs de vidanges de faire circuler leurs voitures sans lanternes allumées sur le devant, et sans un numéro et une plaque qui fassent connaître le propriétaire de la voiture.

Aux termes de l'art. 16 de ladite ordonnance, les ateliers de vidange doivent être lavés et nettoyés après le travail.

N° **94**. — *Procès-verbal constatant qu'un entrepreneur de vidanges a fait usage de tonnes plus grandes que celles prescrites, et qu'elles n'étaient pas fermées suivant le mode indiqué par les règlements.*

Cejourd'hui... mil huit cent..., à onze heures du matin, nous, soussignés, Hector D..., maréchal des logis, et Pierre R..., garde, à la 6e compagnie du 1er bataillon de la garde républicaine, casernés rue Schomberg, revêtus de notre uniforme, et passant rue Saint-Honoré, avons remarqué que, dans la maison n°..., il était procédé à la vidange d'une fosse d'aisances. A la porte de ladite maison étaient plusieurs tonnes, parmi lesquelles il s'en trouvait deux beaucoup plus grandes que celles autorisées, et dont les bondes de déchargement n'étaient pas fermées au moyen d'une bande de fer transversale à cadenas. Ayant reconnu qu'elles appartenaient aux sieurs G... et compagnie, rue des Fossés-du-Temple, n°..., nous avons interpellé le conducteur, qui a déclaré se nommer Pierre L..., âgé de... ans, être au service de ladite compagnie et demeurer rue de l'Arbre-Sec, n°...

Après nous être assurés, par l'inspection de la plaque, que sa voiture ainsi que les tonnes appartenaient à ladite compagnie, nous avons déclaré au sieur L... que les faits ci-dessus établis constituant contravention à l'ordonnance de police, nous rédigerions le présent procès-verbal qui sera remis en double expédition au commandant de la compagnie, conformément à l'art. 27 du règlement du 30 avril 1883.

Fait et clos à Paris, les jour, mois et an que dessus.

(*Signatures des gardes verbalisants.*)

Ce procès-verbal doit être visé pour timbre et enregistré en débet dans les quatre jours de sa date.

La contravention constatée par ce procès-verbal est punie d'amende depuis 1 fr. jusqu'à 5 fr. inclusivement, par l'art. 471 n° 15 du Code pénal.

Les entrepreneurs de vidanges faisant usage de tonnes seront tenus d'en fermer les bondes de déchargement au moyen d'une bande de fer transversale fixée à demeure à la tonne par l'une de ses extrémités, et fermée à l'autre avec un cadenas fourni par l'administration. Les écrous et rondelles soutenant la ferrure seront rivés à l'extérieur des tonnes. L'entonnoir de décharge sera fermé de manière à prévenir toute éclaboussure.

L'entrée dans Paris sera interdite aux tonnes dont les bondes de déchargement ne seront point fermées de la manière prescrite par le présent article. Les cadenas apposés aux tonnes ne pourront être ouverts et fermés qu'à la voirie, et que par l'employé de l'administration préposé à cet effet (art. 5 de l'ord. de police du 5 juin 1834).

Les voitures de transport de vidanges devront être construites avec solidité, entretenues en bon état, et chargées de manière que les vaisseaux reposent toujours sur la partie opposée à leur ouverture.

Les vaisseaux ou appareils contenant des matières seront conduits directement aux voiries désignées par l'autorité; ils devront être constamment entretenus en bon état, de telle sorte que rien ne puisse s'en échapper ou se répandre. En cas de versement de matières sur la voie publique, l'entrepreneur fera procéder immédiatement à leur enlèvement et au lavage du sol. Faute par lui de se conformer aux dispositions du présent article, il y sera pourvu d'office et à ses frais. Il sera procédé au moins deux fois par an à la visite du matériel employé par les entrepreneurs au service des vidanges et des fosses mobiles, à l'effet de constater le bon état de ce matériel (art. 41, 42, 43 et 44 de l'ord. de police du 5 juin 1834).

Conformément aux dispositions de l'arrêté de police du 6 juin 1834, les tonnes employées pour la vidange atmosphérique ne pourront avoir une capacité de plus de deux mètres cubes. La fermeture de la bonde de charge et de décharge sera assujettie par un cadenas fourni par l'administration aux frais de l'entreprise. Ce cadenas ne devra être ouvert qu'au moment du chargement par le chef d'atelier, qui aura soin de le refermer après l'emplissage, avant le départ de la tonne, et il ne pourra être ouvert qu'à la voirie par le préposé de l'administration, qui le refermera après le déchargement (art. 2 et 4 de l'ord. de police du 26 janv. 1846).

N° 95. — *Procès-verbal constatant que les préposés ou agents des entrepreneurs de vidanges n'ont point placé de lanterne allumée en saillie sur la voie publique, à la porte de la maison où s'opère une vidange.*

Cejourd'hui... mil huit cent..., à une heure du matin, nous, soussignés, Pierre L... et Robert D..., gardes à la 8e compagnie du 1er bataillon de la garde républicaine, casernés rue de Lobau, revêtus de notre uniforme, et passant rue Saint-Honoré, avons remarqué que des personnes employées au service des vidanges avaient négligé de placer une lanterne allumée devant la maison n°..., où était opérée une vidange. Nous étant approchés, nous avons reconnu que les tonnes de la voiture, qui avait le n°..., portaient l'adresse du sieur T... et compagnie, entrepreneurs de vidanges, rue R..., n°...; nous avons fait appeler le principal employé, qui nous a déclaré se nommer Simon

T..., demeurant rue R..., n°...; nous l'avons sommé de faire placer une lanterne, ainsi que le prescrit l'ordonnance de police, et l'avons prévenu que, le trouvant en contravention à ladite ordonnance, nous dresserions procès-verbal, tant contre lui comme auteur de la contravention, que contre les sieurs T... et compagnie, comme civilement responsables de leurs agents.

De ce que dessus nous avons rédigé le présent procès-verbal qui sera remis en double expédition au commandant de la compagnie, conformément à l'art. 27 du règlement du 30 avril 1883.

Fait et clos à Paris, les jour, mois et an que dessus.

(Signatures des gardes.)

Ce procès-verbal doit être visé pour timbre et enregistré en débet dans les quatre jours de sa date.

La contravention ci-dessus constatée est punie d'amende depuis 1 fr. jusqu'à 5 fr. inclusivement par l'art. 471 n° 15 du Code pénal.

En cas de récidive, la peine d'emprisonnement est toujours prononcée pendant trois jours au plus par l'art. 474 dudit Code.

Il sera placé une lanterne allumée, en saillie sur la voie publique, à la porte de la maison où devra s'opérer une vidange, et ce, préalablement à tout travail ou à tout dépôt d'appareils sur la voie publique (art. 6 de l'ord. de police du 5 juin 1834).

N° **96**. — *Procès-verbal constatant que des entrepreneurs de vidanges ont fait transporter dans Paris leurs appareils de fosses mobiles avant l'heure prescrite.*

Cejourd'hui... mil huit cent..., à quatre heures du matin, nous, soussignés, Jacques H... et Louis S..., gardes à la 3e compagnie du 1er bataillon de la garde républicaine, casernés rue de Tournon, revêtus de notre uniforme, et passant rue de l'Arbre-Sec avons rencontré une voiture contenant des appareils de vidange, et appartenant aux sieurs H... et compagnie, demeurant quai de..., n°.... Nous étant approchés du conducteur, il a, sur notre demande, déclaré se nommer Jean P..., demeurer quai de..., n°..., et être au service des entrepreneurs sus-désignés. Lui ayant fait observer qu'il se trouvait en contravention à l'ordonnance de police qui défend de transporter dans Paris des appareils de fosses mobiles avant sept heures du matin, nous lui avons déclaré que nous dresserions procès-verbal de cette contravention, tant contre lui que contre lesdits sieurs H... et compagnie, comme civilement responsables de leurs agents.

De ce que dessus nous avons rédigé le présent procès-verbal qui sera remis en double expédition au commandant de la compagnie, conformément à l'art. 27 du règlement du 30 avril 1883.

Fait et clos à Paris, les jour, mois et an que dessus.

(Signatures des gardes verbalisants.)

Ce procès-verbal doit être visé pour timbre et enregistré en débet dans les quatre jours de sa date.

Le transport des appareils de fosses mobiles ne pourra avoir lieu dans Paris,

Savoir :

Les voitures transportant des tonneaux de fosses mobiles, tinettes filtrantes, etc., pleines ou vides, pourront circuler en toute saison de 7 heures du matin à 6 heures du soir;

L'enlèvement à domicile des tonneaux de fosses mobiles et des tinettes filtrantes aura lieu en toute saison de 7 heures du matin à 5 heures du soir.

Les conducteurs de voitures devront suivre les itinéraires qui leur seront indiqués par les agents du service des eaux et des égouts (art. 5, 6 et 7 de l'ord. de police du 22 août 1867).

La contravention ci-dessus constatée est punie d'amende depuis 1 fr. jusqu'à 5 fr. inclusivement, par l'art. 471 n° 15 du Code pénal.

En cas de récidive, la peine d'emprisonnement est toujours prononcée pendant trois jours au plus, par l'art. 474 dudit Code.

N° **97**. — *Procès-verbal constatant que des entrepreneurs de vidanges ont fait sortir leurs voitures employées à ce service par une barrière autre que celle désignée.*

Cejourd'hui... mil huit cent..., à cinq heures du matin, nous, soussignés, Pierre T... et Joseph C..., gardes à la 2e compagnie du 2e bataillon de la garde républicaine, casernés rue de la Banque, revêtus de notre uniforme, et passant près de la barrière du faubourg Saint-Denis, avons rencontré deux voitures de vidanges portant les nos 27 et 31, appartenant aux sieurs P... et compagnie, entrepreneurs, rue B..., n°..., et qui, en contravention à l'ordonnance de police, sortaient par ladite barrière, bien qu'il soit ordonné que les voitures affectées à ce genre de service passeront seulement par celles du Combat ou de Pantin. Ayant interpellé les conducteurs, celui de la voiture numérotée 27 nous a déclaré se nommer Pierre E..., demeurer rue du Faubourg-Saint-Denis, n°..., et être au service des sieurs P... et compagnie; celui de la voiture numérotée 31 nous a dit se nommer Jean F..., demeurer même rue et numéro, et être également au service des sieurs P... et compagnie.

En conséquence, et attendu que les faits ci-dessus relatés constituent une contravention à ladite ordonnance, nous avons rédigé le présent procès-verbal qui sera remis en double expédition au commandant de la compagnie, conformément à l'art. 27 du règlement du 30 avril 1883.

Fait et clos à Paris, les jour mois et an que dessus.

(Signatures des gardes verbalisants.)

Ce procès-verbal doit être visé pour timbre et enregistré en débet dans les quatre jours de sa date.

La contravention ci-dessus constatée est punie d'amende depuis 1 fr. jusqu'à 5 fr. inclusivement, par l'art. 471 n° 15 du Code pénal.

En cas de récidive, la peine d'emprisonnement est toujours prononcée, pendant trois jours au plus, par application de l'art. 474 dudit Code.

Les voitures et équipages de toute sorte, les tonnes, tinettes et tonneaux pleins ou vides ne pourront passer que par les portes de l'enceinte de Paris ci-après désignées, savoir :

Portes de Bercy, Charenton, Bagnolet, Romainville, Pantin, Flandre, Aubervilliers, Saint-Denis, Saint-Ouen, Ternes, Saint-Cloud, Versailles, Châtillon, Choisy, la Gare et Vincennes.

Le passage par toute autre porte est absolument interdit.

(Ord. de police des 22 août 1867, 21 août 1877 et 16 juill. 1879.)

Tout stationnement intermédiaire de ces voitures ou appareils du lieu de chargement à la voirie est expressément interdit (art. 40 de l'ord. du 5 juin 1834).

VOIE PUBLIQUE.

N° **98**. — *Procès-verbal constatant qu'un serrurier a travaillé sur la voie publique.*

Cejourd'hui... mil huit cent..., à quatre heures du soir, nous, soussignés, Hector T... et Alexandre Q..., gardes au 3e escadron de la garde républicaine casernés aux Célestins, revêtus de notre uniforme, et passant sur le boulevard Bonne-Nouvelle, avons remarqué, devant la maison n° 25, un serrurier qui était occupé à ferrer des châssis au milieu de la contre-allée dudit boulevard, et gênait ainsi la circulation publique. Nous étant approchés de lui, nous lui avons fait observer que l'ordonnance de police défend aux maréchaux ferrants, serruriers, emballeurs et autres, de travailler ou faire travailler sur la voie publique, et que, le trouvant en contravention à ces dispositions, nous dresserions procès-verbal contre lui. Sur notre demande, il a répondu se nommer Albert D..., être serrurier, âgé de trente-quatre ans, et demeurer sur ledit boulevard, n°....

De ce que dessus, nous avons rédigé le présent procès-verbal qui sera remis en double expédition au commandant de l'escadron, conformément à l'art. 27 du règlement du 30 avril 1883.

Fait et clos à Paris, les jour, mois et an que dessus.

(*Signatures des gardes verbalisants.*)

Ce procès-verbal doit être visé pour timbre et enregistré en débet dans les quatre jours de sa date.

Il est défendu aux maréchaux ferrants, layetiers, emballeurs, serruriers, tonneliers et autres, de travailler ni faire travailler sur la voie publique (art. 110, 25 juill. 1862).

Il est également défendu aux marchands épiciers, limonadiers et autres, de brûler ni faire brûler sur la voie publique du café et autres denrées (art. 112 du 25 juill. 1862).

La contravention ci-dessus signalée est punie d'amende depuis 1 fr. jusqu'à 5 fr. inclusivement, par l'art. 471 n° 15 du Code pénal.

Tous entrepreneurs, négociants, marchands et autres qui auront à recevoir ou à expédier des marchandises, meubles, denrées et autres objets, feront entrer les voitures de transport dans les cours ou sous les passages des portes cochères des maisons qu'ils habitent, magasins ou ateliers, à l'effet d'y opérer le chargement ou le déchargement desdites voitures (art. 91 du 25 juill. 1862).

N° **99**. — *Procès-verbal constatant que des matériaux provenant de démolition de fosses d'aisances ont été déposés sur la voie publique.*

Cejourd'hui... mil huit cent..., à onze heures du soir, nous, soussignés, Pierre L... et Louis R..., gardes à la 2e compagnie du 1er bataillon de la garde républicaine, casernés rue Mouffetard, revêtus de notre uniforme, et passant rue Saint-Louis-en-l'Ile, avons remarqué que, devant la maison n°... de ladite rue, avaient été déposés des matériaux provenant de la démolition d'une fosse d'aisances. Nous étant adressés au portier, nous lui avons demandé quelle était la personne qui avait déposé lesdits matériaux en cet endroit; il nous a répondu que c'étaient les employés des sieurs G... et compagnie, entrepreneurs de vidanges, rue Ménilmontant, n°... Nous étant rendus chez ledit sieur G..., nous l'avons sommé de faire enlever de suite les matériaux laissés sur la voie publique par ses ouvriers, et lui avons en même temps déclaré que nous dresserions contre lui, comme responsable des gens à son service, procès-verbal de la contravention à l'ordonnance de police, que nous venions de constater.

De ce que dessus, nous avons rédigé le présent procès-verbal qui sera remis en double expédition au commandant de la compagnie, conformément à l'art. 27 du règlement du 30 avril 1883.

Fait et clos à Paris, les jour, mois et an que dessus.

(*Signatures des gardes.*)

Ce procès-verbal doit être visé pour timbre et enregistré en débet dans les quatre jours de sa date.

Tous matériaux provenant de la démolition des fosses d'aisances seront immédiatement enlevés (art. 14 de l'ord. du 23 oct. 1819).

Les terres, moellons et autres objets provenant des fosses d'aisances ne doivent jamais être déposés sur la voie publique; ces débris devront être immédiatement emmenés.

En cas d'inexécution, il sera procédé d'office à l'enlèvement des dépôts, et, au besoin, à l'éclairage (art. 98 de l'ord. de police du 25 juill. 1862).

La contravention à l'ordonnance ci-dessus est punie d'amende depuis 1 fr. jusqu'à 5 fr. inclusivement, par l'art. 471 n° 15 du Code pénal.

En cas de récidive, la peine d'emprisonnement est toujours prononcée, pendant trois jours au plus, par application de l'art. 474 dudit Code (art. 45 n° 30 de l'instr. du 30 avril 1883, sur le service municipal et journalier de la garde républicaine).

Sont en contravention les personnes qui versent leurs ordures sur la voie publique.

VOITURES ET CHEVAUX.

N° 100. — *Ordonnance de M. le Préfet de police du 7 août 1851.*

Art. 1er. Les cochers, postillons, charretiers et autres conducteurs de voitures suspendues ou non suspendues, chargées ou non chargées, devront, toutes les fois qu'il n'y aura pas d'obstacle, prendre la partie de la chaussée qui se trouvera à leur droite, quand même le milieu de la rue serait libre. Aussitôt que l'obstacle qui les aura forcés de dévier à gauche sera dépassé, ils devront reprendre leur droite. — Ces dispositions sont applicables aux voitures traînées à bras.

Art. 2. Il est défendu de faire passer sur les trottoirs les roues des voitures ainsi que les chevaux et autres bêtes de trait.

Art. 3. Toute voiture, de quelque espèce que ce soit, devra être conduite au pas dans les marchés, dans les rues étroites où deux voitures ne peuvent marcher de front, au passage des barrières, au détour des rues, à la descente des ponts, et sur tous les points de la voie publique où il existera, soit une pente rapide, soit des obstacles à la circulation. Aucune voiture étrangère au service des halles du centre ne pourra les traverser avant dix heures du matin.

Art. 4. Il est défendu aux conducteurs de voitures de lutter de vitesse entre eux et de laisser galoper leurs chevaux.

Art. 5. Ils ne pourront couper les convois ni les détachements de troupes.

Art. 6. On ne pourra conduire à la fois plus de trois chevaux non attelés; toutefois, ce nombre pourra être porté à cinq pour les chevaux des messageries. Ces chevaux devront toujours être menés au pas, et ne pourront être conduits par des femmes.

Art. 7. L'usage des chevaux vicieux est interdit. Il est également interdit, sous les peines portées par les art. 459, 460 et 461 du Code pénal, de faire usage de chevaux atteints de maladies contagieuses.

Art. 8. Il est défendu, sous les peines portées par la loi du 2 juillet 1850, de maltraiter abusivement les chevaux et autres bêtes de trait.

Art. 9. Aucune voiture ne pourra circuler sans conducteur. La conduite des voitures ne pourra être confiée qu'à des individus capables de les diriger, et âgés d'au moins dix-huit ans. Nul ne pourra, en état d'ivresse, conduire une voiture.

Art. 10. On ne devra faire stationner sans nécessité, sur la voie publique, aucune voiture attelée ou non attelée. Toute voiture attelée stationnant sur la voie publique devra être gardée.

Art. 11. Lorsqu'elles stationneront sur la voie publique, les voitures seront placées de manière à gêner le moins possible la circulation. Aucune voiture ne devra stationner vis-à-vis d'une autre voiture déjà arrêtée du côté opposé.

Art. 12. Il est défendu à tout cocher d'une voiture publique ou autre, attelée de deux chevaux, de descendre de son siège pour ouvrir ou fermer les portières.

Art. 13. Les chevaux, bêtes de trait, de charge ou de monture ne pourront être essayés sur la voie publique sans notre autorisation.

Art. 14. Il est interdit de faire remorquer, par une voiture attelée, une ou plusieurs voitures non attelées.

Art. 15. On ne pourra faire usage que de guides et harnais solides et entretenus en bon état.

Art. 16. Tout conducteur de voiture ne pourra employer que des fouets montés en cravache. L'usage de tous autres fouets est formellement interdit.

Art. 17. Dès la chute du jour, aucune voiture suspendue ne pourra circuler sans être pourvue de lanternes allumées. Ces lanternes, garnies de vitres bien transparentes, seront placées extérieurement, et, autant que possible, sur le devant des voitures; elles seront toujours entretenues propres et en bon état.

Art. 18. Les voitures servant au transport des denrées, marchandises, meubles et autres objets, les voitures bourgeoises, les voitures publiques de toute espèce continueront à être assujetties aux règlements spéciaux qui les concernent, en tant qu'ils ne seront pas contraires aux dispositions de la présente ordonnance.

VOITURES BOURGEOISES.

N° **101**. — *Procès-verbal constatant qu'un propriétaire a circulé dans Paris avec son cabriolet non numéroté.*

Cejourd'hui... mil huit cent..., à quatre heures du soir, nous, soussignés, Victor P... et Jules S..., gardes à la 1re compagnie du 1er bataillon de la garde républicaine, casernés rue Mouffetard, revêtus de notre uniforme, et passant rue de la Verrerie, avons remarqué qu'un cabriolet bourgeois, stationnant devant la maison n°..., ne portait aucun numéro sur ses panneaux. Le propriétaire dudit cabriolet s'étant présenté, il a, sur notre demande, déclaré se nommer Jean J..., propriétaire, rue Saint-Louis, n°.... Nous étant assurés de la sincérité de cette déclaration par celle du propriétaire de la maison n°..., nous avons prévenu ledit sieur J... que, le trouvant en contravention à l'ordonnance de police, nous rédigerions contre lui le présent procès-verbal qui sera remis en double expédition au commandant de la compagnie, conformément à l'art. 27 du règlement du 30 avril 1883.

Fait et clos à Paris, les jour, mois et an que dessus.

(Signatures des gardes verbalisants.)

Ce procès-verbal doit être visé pour timbre et enregistré en débet dans les quatre jours de sa date.

Toute personne domiciliée dans le ressort de la préfecture de police, et qui voudra faire circuler dans Paris des cabriolets bourgeois à deux roues, tilburys, bogheis, etc., sera tenu d'en faire préalablement la déclaration à la préfecture de police. Il sera délivré, à chaque propriétaire de cabriolet à deux roues, tilbury, boghei, etc., un extrait de la déclaration prescrite par l'article précédent. Il sera remboursé par les propriétaires de ces voitures, pour le timbre de chaque extrait, la somme de 35 centimes. Les cabriolets bourgeois à deux roues, les tilburys, etc., sont assujettis à un numérotage. Le numéro affecté à chaque voiture sera délivré à la préfecture de police en faisant la déclaration prescrite ci-dessus.

Les cabriolets bourgeois appartenant à la même personne porteront un numéro différent.

Le numéro qui sera affecté à chacune de ces voitures devra être peint sur le panneau de derrière et sur les deux panneaux de côté, et non ailleurs, en chiffres arabes rouges, de quatre centimètres de hauteur, sur quatre millimètres de plein, au moins (art. 1er, 2, 3, 22 et 23 de l'ord. de police du 20 avril 1843).

La contravention constatée par ce procès-verbal est punie d'amende depuis 1 fr. jusqu'à 5 fr. inclusivement par l'art. 471 n° 15 du Code pénal.

En cas de récidive, la peine d'emprisonnement, pendant trois jours au plus, est prononcée par l'art. 474 dudit Code.

N° **102**. — *Procès-verbal constatant qu'un individu a fait circuler de nuit, au galop, et sans être éclairé de lanternes, un cabriolet bourgeois à lui appartenant.*

Cejourd'hui... mil huit cent..., à sept heures du soir, nous, soussignés, Louis A... et Pierre M..., gardes à la 4e compagnie du 1er bataillon de la garde républicaine, casernés rue de Tournon, revêtus de notre uniforme, et passant rue Saint-Honoré, avons aperçu un cabriolet bourgeois portant le numéro deux cent trente-quatre, en chiffres rouges, dont les lanternes n'étaient pas allumées, malgré l'heure de nuit, et dont le cheval avait pris le galop. Comme il venait à notre rencontre, nous avons signifié au conducteur d'arrêter, ce qu'il a fait. Lui ayant demandé à qui appartenait ce cabriolet, il nous a répondu qu'il était à lui, et qu'il se nommait Pierre V..., propriétaire, rue Saint-Honoré, n°... Nous étant convaincus de la sincérité de cette déclaration, en accompagnant ledit sieur V... à son domicile, peu éloigné du lieu où nous étions, nous lui avons déclaré que, l'ayant trouvé en contravention à l'ordonnance de police, nous dresserions contre lui le présent procès-verbal qui sera remis en double expédition au commandant de la compagnie, conformément à l'art. 27 du règlement du 30 avril 1883.

Fait et clos à Paris, les jour, mois et an que dessus.

(*Signatures des gardes verbalisants.*)

Ce procès-verbal doit être visé pour timbre et enregistré en débet dans les quatre jours de sa date.

Il est défendu aux conducteurs et cochers de voitures bourgeoises de lutter de vitesse entre eux et de faire galoper leurs chevaux, dans quelque circonstance que ce soit. Les voitures devront être conduites au petit trot dans les rues de Paris, et au pas dans les marchés et les rues étroites où deux voitures seulement peuvent passer de front; ces voitures devront aussi être conduites au pas au passage des barrières, à la descente des ponts, aux carrefours, aux détours des rues, sous les guichets et généralement sur tous les points de la voie publique où il existera soit une pente rapide, soit des obstacles à la circulation, soit une consigne prescrivant le ralentissement de la marche.

Toutes les voitures bourgeoises, de quelque espèce qu'elles soient, devront être pourvues de deux lanternes, qui seront garnies de réflecteurs et de glaces bien transparentes. Ces lanternes, qui seront adaptées à chaque côté de la caisse, devront être allumées dès la chute du jour (art. 9 et 24 de l'ord. de police du 20 avril 1843).

Il est défendu aux conducteurs de voitures de lutter de vitesse entre eux et de laisser galoper leurs chevaux (art. 26 de l'ord. de police du 26 août 1861).

La contravention signalée par ce procès-verbal est punie d'amende depuis 1 fr. jusqu'à 5 fr. inclusivement, par l'art. 471 n° 15 du Code pénal.

Sont en contravention ceux qui circulent après la chute du jour sans avoir allumé leurs lanternes (art. 45 n° 18 de l'instr. du 30 avril 1883 sur le service municipal et journalier de la garde républicaine).

N° **103**. — *Procès-verbal constatant qu'une calèche circulait dans Paris sans lanternes allumées.*

Cejourd'hui... mil huit cent..., à neuf heures du soir, nous, soussignés, Paul L... et Pierre D..., gardes à la 5e compagnie du 1er bataillon de la garde républicaine, casernés rue de Tournon, revêtus de notre uniforme, et passant sur le boulevard des Capucines, avons vu venir à nous une calèche attelée de deux chevaux, qui circulait sans être garnie de lanternes allumées. Nous fîmes arrêter le cocher, et lui ayant demandé à qui cette voiture appartenait, la personne qui était dedans nous déclara en être propriétaire, se nommer Pierre J..., et demeurer rue Bourbon-Villeneuve, n°... Nous étant assurés de la sincérité de cette déclaration, par l'inspection de la carte de sûreté qui nous fut exhibée, nous avons déclaré audit sieur J... que, le trouvant en contravention à l'ordonnance de police qui prescrit d'allumer les lanternes à la chute du jour, nous rédigerions le présent procès-verbal qui sera remis en double expédition au commandant de la compagnie, conformément à l'art. 27 du règlement du 30 avril 1883.

Fait et clos à Paris, les jour, mois et an que dessus.

(Signatures des gardes.)

Ce procès-verbal doit être visé pour timbre et enregistré en débet dans les quatre jours de sa date.

Toutes les voitures bourgeoises, de quelque espèce qu'elles soient, devront être pourvues de deux lanternes, qui seront garnies de réflecteurs et de glaces bien transparentes. Ces lanternes, qui seront adaptées à chaque côté de la caisse, devront être allumées dès la chute du jour (art. 24 de l'ord. de police du 20 avril 1843, et art. 45 n° 18 de l'instr. du 30 avril 1883 sur le service municipal et journalier de la garde républicaine).

La contravention signalée par ce procès-verbal est punie d'amende depuis 1 fr. jusqu'à 5 fr. inclusivement, par l'art. 471 n° 15 du Code pénal.

N° **104**. — *Procès-verbal constatant qu'un individu a laissé conduire son cabriolet bourgeois par une femme.*

Cejourd'hui... mil huit cent..., à neuf heures du matin, nous, soussignés, Ambroise M... et Georges G..., gardes au 1er escadron de la garde républicaine, casernés aux Célestins, revêtus de notre uniforme, et passant rue Saint-Antoine, avons fait rencontre d'un cabriolet bourgeois portant le n°... et conduit par une femme. L'ayant fait arrêter, elle déclara, sur notre demande, se nommer Sophie L..., être âgée de vingt-trois ans, et domestique du sieur Auguste P..., marchand de bois, rue Saint-Louis-en-l'Ile, n°..., ajoutant que son maître l'avait chargée de lui amener son cabriolet à Vincennes, où il est maintenant. Nous lui avons déclaré que nous dresserions procès-verbal contre ledit sieur P..., comme ayant contrevenu à l'ordonnance de police.

De ce que dessus, nous avons rédigé le présent procès-verbal qui sera remis en double expédition au commandant de l'escadron, conformément à l'art. 27 du règlement du 30 avril 1883.

Fait et clos à Paris, les jour, mois et an que dessus.

(*Signatures des gardes verbalisants.*)

Ce procès-verbal doit être visé pour timbre et enregistré en débet dans les quatre jours de sa date.

Aucune voiture bourgeoise, de quelque espèce qu'elle soit, ne pourra être conduite par des enfants âgés de moins de dix-huit ans, ni par des femmes (art. 8 de l'ord. de police du 20 avril 1843 et art. 24 de l'ord. de police du 26 août 1861).

Exception est faite en faveur des postillons ou cochers des messageries, dont le minimum d'âge reste fixé à seize ans, conformément aux dispositions de l'art. 38 du règlement d'administration publique du 10 août 1852.

La contravention ci-dessus constatée est punie d'une amende depuis 1 fr. jusqu'à 5 fr. inclusivement, par l'art. 471 n° 15 du Code pénal.

En cas de récidive, la peine d'emprisonnement, pendant trois jours, est prononcée par l'art. 474 dudit Code.

VOITURES DE PLACE ET DE REMISE.

N° **105**. — TARIF ANNEXÉ A L'ORDONNANCE DU 24 MAI 1866.

Art. 1er. — Tout loueur de voitures publiques, de place ou de remise, à la course ou à l'heure, qui voudra user de la faculté de faire stationner ses voitures sur les emplacements à ce affectés d'une manière permanente par l'administration municipale, de prendre des voyageurs sur la voie publique, dans les cas prévus par les règlements de police, de faire le service des abords des chemins de fer, théâtres, établissements publics, réunions particulières et autres de jour et de nuit, dans les limites de nombre et d'espace déterminées par l'autorité compétente, devra préalablement :

1° Déposer à la préfecture de la Seine (administration de la ville, direction des affaires municipales, 1re section, bureau du domaine de la ville) l'engagement de payer, par trimestre et d'avance, le droit annuel de location de 365 fr. par voiture;

2° Acquitter à la caisse municipale le premier trimestre de ce droit, dont il lui sera remis quittance;

3° Obtenir de la préfecture de police un permis de circulation.

Sur le vu de ces pièces, les agents de la préfecture de la Seine feront apposer sur chaque voiture une *estampille distincte de celle de la préfecture de police,* afin de constater ostensiblement le paiement du droit et le permis de stationnement.

Art. 2. — Le paiement du droit cessera d'être exigible après l'expiration du trimestre courant pour toute voiture qui cessera de circuler. Dans ce cas, un procès-verbal dressé par les agents de la préfecture de la Seine, constatant la déclaration du loueur et le retrait de l'estampille spéciale mentionnee en l'art. 1er, sera transmis à la direction des affaires municipales.

Art. 3. — L'estampille de la préfecture de la Seine sera également retirée lorsque le propriétaire de la voiture aura laissé écouler les huit premiers jours d'un nouveau trimestre sans avoir effectué le paiement de la portion du droit afférente à ce trimestre commencé.

Art. 4. — Dans le cas de cession d'industrie, la déclaration collective devra en être faite par l'ancien et par le nouveau propriétaire de la voiture, tant à la préfecture de la Seine qu'à la préfecture de police, chacune pour ce qui la concerne.

Art. 5. — Un carnet indicatif des emplacements de la voie publique affectés au stationnement des voitures de place ou de remise, munies de l'estampille de la préfecture de la Seine, sera délivré à tout loueur qui aura rempli les formalités de l'article 1er, en autant d'exemplaires que ce loueur aura déclaré de voitures.

Art. 6. — Les piqueurs du service municipal des travaux publics de Paris, préposés à la surveillance des stationnements sur la voie publique, sont spécialement chargés de constater le stationnement illicite des voitures non munies de l'estampille de la préfecture de la Seine.

Art. 7. — Le tarif du prix de la course et de l'heure adopté par chaque loueur de voitures de place ou de remise devra être affiché dans l'intérieur de ses voitures et délivré à chaque voyageur.

(*Ce tarif ne pourra jamais dépasser les fixations du tableau suivant, ni supprimer aucune des catégories de prix indiquées dans ce tableau.*)

L'application en sera réglée par les dispositions qui suivent le tableau, et qui sont déclarées inhérentes au tarif même.

Quel que soit le tarif applicable au service spécial d'une voiture de remise, lorsqu'elle stationnera ou chargera sur la voie publique dans les conditions déterminées par l'art. 1er du présent arrêté, le cocher ne pourra rien exiger au delà des prix fixés ci-après pour les voitures de place.

VOITURES DE PLACE ET DE REMISE.

TARIF MAXIMUM DANS L'INTÉRIEUR DE PARIS.

DÉSIGNATION DES VOITURES.	De 6 heures du matin, en Été (du 31 mars au 1er octobre) et de 7 heures du matin, en Hiver (du 1er octobre au 31 mars) à Minuit 30 minutes.		De Minuit 30 min. à 6 h. du matin, en été (31 mars au 1er oct.) et à 7 h. du matin, en hiver (1er oct. au 31 mars).	
	LA COURSE	L'HEURE.	LA COURSE	L'HEURE.
Voitures de place et Voitures de remise chargeant sur la voie publique :	fr.	fr.	fr.	fr.
A 2 et 3 places	1 50	2 »	2 25	2 50
A 4 et 5 places	1 70	2 25	2 50	2 75
Voitures de remise prises dans les lieux de remisage :				
A 2 et 3 places	1 80	2 25	3 »	3 »
A 4 et 5 places	2 »	2 50		
Voitures à 4 places munies de galerie (*)	1 85	2 50	2 50	3 »

(*) Arrêté du préfet de la Seine du 13 août 1872. Voir page 104.

TARIF MAXIMUM AU DELA DES FORTIFICATIONS.
(Bois de Boulogne, Bois de Vincennes et Communes contiguës à Paris)

De 6 heures du matin à Minuit, en Été
(du 31 mars au 1er octobre)
De 6 heures du matin à 10 heures du soir, en Hiver
(du 1er octobre au 31 mars).

Quand les voyageurs rentreront avec la voiture à Paris.	Quand les voyageurs quitteront la voiture hors des fortifications.
Voitures de place et Voitures de remise chargeant sur la voie publique :	INDEMNITÉ DE RETOUR.
La course et l'heure.	
A 2 et 3 places ..... 2 f. 50 c	1 fr.
A 4 et 5 places 2 75	
Voitures de remise prises dans les lieux de remisage :	
A 2, 3, 4 et 5 places. 3 f. »	2 fr.

Voitures prises hors des fortifications pour Paris.

	L'heure.
Voitures de place ou de remise à 2 places	2 f. 25
Voitures de place ou de remise à 4 places	2 75

Tarif de l'indemnité pour le transport des colis.

Pour 1 colis	25 centimes.
— 2 colis	50
— 3 colis et au-dessus.	75

Dispositions réglementaires inhérentes au tarif.

§ 1er. — Les cochers sont tenus de se rendre au domicile du voyageur pour y charger. Lorsque le temps employé pour leur déplacement et l'attente du voyageur excède 15 minutes, le tarif à l'heure est appliqué à partir du moment où la voiture aura été louée.

§ 2. — Lorsqu'un cocher s'est rendu à domicile et n'est pas employé, il lui est payé la moitié du prix d'une course ordinaire, si le temps employé pour le déplacement et l'attente ne dépasse pas un quart d'heure; le prix entier d'une course, si le temps excède un quart d'heure.

§ 3. — Les cochers loués à la course ont le droit de suivre la voie la plus courte ou la plus facile; ils ne peuvent prétendre qu'au prix de la course lorsque, sans écarter de l'itinéraire, ils sont requis de déposer, pendant le trajet, un ou plusieurs voyageurs; ils ont droit au prix de l'heure lorsque, ayant été loués pour une course, ils sont requis de changer l'itinéraire le plus direct pour se rendre à destination, ou lorsque les voyageurs font décharger des colis placés à l'extérieur de la voiture.

§ 4. — Les cochers loués à l'heure doivent suivre l'itinéraire indiqué par le voyageur.

§ 5. — Les cochers loués à la course et les cochers loués à l'heure (sauf le cas où ces derniers seront requis par les voyageurs d'aller au pas) doivent faire marcher leurs chevaux de manière à parcourir 8 kilomètres à l'heure pour les voitures de place, et 10 kilomètres pour les voitures de remise.

§ 6. — La première heure est due intégralement, lors même qu'elle ne serait pas entièrement écoulée. Le temps excédant la première heure est payé proportionnellement à sa durée.

§ 7. — Les cochers pris à la course ou à l'heure, avant minuit 30 minutes, qui arrivent à destination après cette heure n'ont droit qu'au prix fixé pour le jour, pour la course ou pour la première heure.

Les cochers pris à la course ou à l'heure, avant 6 heures du matin en été, et 7 heures en hiver, ont droit au tarif de nuit, pour la course et la première heure, quand bien même ils arriveraient à destination après ces heures.

§ 8. — De 6 heures du matin à 10 heures du soir en hiver et minuit en été, les cochers ne seront tenus de franchir les fortifications, pour conduire des voyageurs dans les *Bois de Boulogne* et *de Vincennes* ou dans les communes contiguës à Paris, qu'autant qu'ils auront été pris à l'heure.

Ils ne seront tenus de franchir les fortifications après 10 heures du soir en hiver et minuit en été, ni de conduire en aucun temps des voyageurs dans les communes dont le territoire n'est pas contigu à Paris.

Le transport dans ces communes, de même que le transport dans les autres, après 10 heures du soir en hiver et minuit en été, est réglé de gré à gré.

Les communes dont le territoire est contigu à Paris sont : *Charenton, les Prés-Saint-Gervais, Saint-Mandé, Montreuil, Bagnolet, Romainville, Pantin, Aubervilliers, Saint-Ouen, Saint-Denis, Clichy, Neuilly, Boulogne, Issy, Vanves, Montrouge, Arcueil, Gentilly, Ivry et Vincennes.*

Tout cocher qui sera pris avant 10 heures du soir en hiver et minuit en été pour se rendre, soit dans les *Bois de Vincennes* ou *de Boulogne*, soit dans les communes dont le territoire est contigu à Paris, ne pourra exiger, lors même qu'il arriverait à destination après 10 heures ou minuit, suivant la saison, un salaire plus élevé que celui qui résulte du tarif de jour.

§ 9. — Lorsque les chevaux ont été employés par le même voyageur à l'extérieur pendant deux heures, sans aucun repos, le cocher peut les faire reposer pendant 20 minutes : ce temps de repos est à la charge du voyageur.

§ 10. — Lorsqu'un cocher est loué en dehors des fortifications, à destination de Paris, il n'a droit qu'au prix du tarif de l'heure dans l'intérieur de Paris.

§ 11. — Lorsqu'un cocher est loué dans l'intérieur de Paris pour conduire directement dans l'une des communes dont le territoire est contigu aux fortifications, le tarif de l'extérieur lui est dû à partir de la location.

Lorsqu'un voyageur, après avoir employé une voiture à l'heure ou à la course dans l'intérieur de Paris, se fait conduire hors des fortifications, le temps employé dans Paris lui est compté suivant le tarif de l'intérieur; le temps employé au delà des fortifications est payé suivant le tarif de l'extérieur.

§ 12. — Tous les colis que le voyageur fait placer sur l'impériale des voitures ou le siége des cochers, quels que soient leur nature ou leur volume, seront assujettis à la taxe fixée ci-dessus.

Les cochers sont tenus d'en effectuer le chargement et le déchargement.

Ne sont pas regardés comme colis, et doivent être dès lors transportés gratuitement, les cartons, sacs de voyage, valises, parapluies, cannes, épées, et généralement tous les objets que les voyageurs peuvent porter à la main ou tenir dans l'intérieur de la voiture, sans la détériorer.

§ 13. — Les droits de péage pour le passage des ponts ou bacs ne seront à la charge des voyageurs que lorsque ceux-ci auront demandé à y passer.

§ 14. — Dans aucun cas, les cochers ne pourront exiger de pourboire.

Art. 8. — Le présent arrêté sera publié et affiché; il sera, en outre, inséré au *Recueil des actes administratifs de la préfecture de la Seine.*

Fait à Paris, le 24 mai 1866.

Signé : G.-E. HAUSSMANN.

BAGAGES. — *Interprétation du § 12 de l'arrêté de M. le préfet de la Seine.*

Par sa lettre du 6 mars 1863, M. le préfet de police fait connaître ce qui suit :

« Il sera bien entendu à l'avenir que tous les objets désignés dans le dernier alinéa « du § 15 (*lisez* au 12), et placés dans l'intérieur des voitures, devront être transpor- « tés gratuitement, *et qu'au contraire*, les malles en bois, les lourdes caisses, les « meubles et objets divers en fer, ou autre métal, et que le voyageur ne pourra por- « ter à la main, seront soumis à la taxe, *bien qu'ils puissent être placés à l'intérieur* « *des voitures.* »

Arrêté du préfet de la Seine du 13 août 1872.

Par suite d'une délibération du conseil municipal, en date du 25 juillet 1872, de laquelle il résulte que la disparition, chaque jour croissante, des voitures à quatre places munies de galeries doit être attribuée à l'insuffisance du tarif les concernant, le préfet de la Seine a pris l'arrêté suivant :

Art. 1er. La délibération du conseil municipal, ci-dessus-visée, est approuvée.

Art. 2. Le tarif appliqué aux voitures à quatre places, munies de galeries, est ainsi modifié :

Le jour...	La course...	1 fr. 85	La nuit.....	La course.....	2 fr. 50
	L'heure.....	2 fr. 50		L'heure.........	3 fr. »

Art. 3. Le tarif ci-dessus s'applique non seulement aux voitures de place, mais à toute voiture de remise autorisée à charger sur la voie publique.

Art. 4. Il n'est rien innové à l'arrêté du 24 mai 1866, notamment en ce qui concerne le tarif des voitures prises au lieu de remisage et à l'extérieur de Paris, non plus qu'au tarif concernant l'indemnité due pour le transport des colis.

N° **106**. — *Procès-verbal constatant qu'un cocher de cabriolet sous remise a abandonné sa voiture, ou que le cheval n'était retenu par barrière, chaîne ni corde.*

Cejourd'hui... mil huit cent..., à deux heures après midi, nous, soussignés, Pierre R... et Louis M..., tous deux gardes à la 7e compagnie du 3e bataillon de la garde républicaine, casernés à Napoléon, revêtus de notre uniforme, et passant rue du Faubourg-Saint-Denis, avons remarqué qu'un cabriolet portant le n°..., remisé dans ledit faubourg, sous la porte cochère de la maison n° 74, avait été abandonné par son cocher, que nous avons trouvé buvant chez un marchand de vins, et que le cheval n'était retenu par barrière, chaîne ni corde. Sur notre demande le cocher a dit se nommer Félix L..., et demeurer rue C..., n°... Nous étant assurés de la sincérité de sa déclaration par l'examen que nous avons fait de sa médaille et de ses papiers, nous lui avons déclaré que, l'ayant trouvé en contravention à l'ordonnance de police, nous rédigerions contre lui le présent procès-verbal qui sera remis en double expédition au commandant de la compagnie, conformément à l'art. 27 du règlement du 30 avril 1883.

Fait et clos à Paris, les jour, mois et an que dessus.

(*Signatures des gardes verbalisants.*)

Ce procès-verbal doit être visé pour timbre et enregistré en débet dans les quatre jours de sa date.

Dans les lieux de remisage, les cochers devront attacher leurs chevaux solidement et de manière que la tête du cheval soit toujours à 20 centimètres au moins en arrière de l'alignement de la voie publique (art. 51 de l'ord. du 24 déc. 1857).

Il est défendu auxdits cochers de quitter leurs voitures, soit qu'elles stationnent sous les remises, soit qu'elles attendent à la porte des particuliers (art. 49 de ladite ord.; art. 45 n° 3 de l'instr. du 30 avril 1883 sur le service municipal et journalier de la garde républicaine).

N° **107**. — *Procès-verbal constatant qu'un cocher a lavé sa voiture, soit sur les stations, soit sur tout autre point de la voie publique.*

Ce procès-verbal doit être visé pour timbre et enregistré en débet dans les quatre jours de sa date.

Il est défendu aux cochers de laver leurs voitures, soit dans les lieux de remisage, soit sur un point quelconque de la voie publique. Ils devront maintenir en bon état de propreté l'intérieur de leurs voitures (art. 48 de l'ord. de police du 24 déc. 1857).

Cette contravention est passible d'amende depuis 1 fr. jusqu'à 5 fr. inclusivement, par application de l'art. 471 n° 15 du Code pénal.

N° **108**. — *Procès-verbal constatant qu'un cocher de voiture de place s'est permis des impolitesses et des grossièretés dans ses rapports avec le public.*

Cejourd'hui... mil huit cent..., à dix heures du matin, nous, soussignés, Pierre L... et Auguste L..., tous deux gardes à la 2e compagnie du 1er bataillon de la garde républicaine, casernés rue Mouffetard, revêtus de notre uniforme, et passant près la porte d'entrée du Jardin des Plantes, avons entendu que le cocher du fiacre n°... se permettait des impolitesses et des grossièretés envers une dame qu'il venait de conduire, sous prétexte que lui ayant fait faire une longue course, elle ne lui donnait pas un fort pourboire. Nous étant approchés de lui, nous lui avons fait observer que sa conduite était d'autant plus blâmable que n'ayant rien à demander outre sa course, il lui avait été donné vingt centimes à titre de gratification. Il prétendit que nous nous trompions sur le sens des paroles qu'il venait d'adresser à la dame qu'il avait amenée; mais ayant entendu qu'il l'avait traitée à haute voix de vieille avare et de vieille sorcière, nous l'avons sommé de nous exhiber ses papiers, dont l'examen nous a fait connaître qu'il se nommait Etienne P..., âgé de 27 ans, cocher au service du sieur R..., propriétaire du fiacre n°...

En conséquence, nous lui avons déclaré que nous dresserions contre lui le présent procès-verbal qui sera remis en double expédition au commandant de la compagnie, conformément à l'art. 27 du règlement du 30 avril 1883.

Fait et clos à Paris, les jour, mois et an que dessus.

(Signatures des gardes verbalisants.)

Ce procès-verbal doit être visé pour timbre et enregistré en débet dans les quatre jours de sa date.

Les cochers seront prévenants envers le public.

Ils aideront les voyageurs, et surtout les femmes et les enfants, à monter dans leurs voitures ou à en descendre.

Toute impolitesse, tout acte de grossièreté de leur part, seront sévèrement réprimés (art. 26 de l'ord. de police du 24 déc. 1857).

N° **109**. — *Procès-verbal constatant qu'une voiture de place était conduite par un cocher malpropre.*

Cejourd'hui... mil huit cent..., à trois heures après midi, nous, soussignés, Pierre D... et Michel C..., gardes à la 6e compagnie du 3e bataillon de la garde républicaine, casernés à Napoléon, revêtus de notre uniforme, et passant place de la Concorde, avons fait rencontre d'une voiture de place portant le n°..., et qui était conduite par un cocher se trouvant dans un état de malpropreté évidente. Il était couvert d'une redingote trouée en divers endroits, d'un pantalon déchiré, coiffé d'un chapeau défoncé. L'ayant sommé de s'arrêter, nous lui avons demandé ses papiers, qu'il nous a exhibés, et où nous avons reconnu qu'il se nommait Ambroise D..., âgé de trente-six ans, cocher au service du sieur R..., entrepreneur de voitures publiques, rue de B..., n°... Après l'avoir invité à rentrer en son domicile pour s'y mettre dans un état plus conforme à son service, nous l'avons prévenu que nous dresserions procès-verbal contre ledit sieur R..., pour avoir contrevenu à l'ordonnance de police qui défend aux entrepreneurs de confier la conduite de leurs voitures à des cochers mal vêtus et malpropres.

De ce que dessus nous avons rédigé le présent procès-verbal qui sera remis en double expédition au commandant de la compagnie, conformément à l'art. 27 du règlement du 30 avril 1883.

Fait et clos à Paris, les jour, mois et an que dessus.

(Signatures des gardes verbalisants.)

Ce procès-verbal doit être visé pour timbre et enregistré en débet dans les quatre jours de sa date.

La contravention ci-dessus constatée est punie des peines de police, conformément aux art. 471 et 474 du Code pénal.

Tout cocher de voiture sous remise sera tenu de porter un uniforme (art. 4 de l'ord. de police du 26 mai 1866).

Il est défendu aux cochers de conduire en état d'ivresse, de fumer et de dormir lorsque leurs voitures sont en marche. Il leur est interdit d'ôter leurs habits, même pendant les chaleurs (art. 37 de l'ord. de police du 24 déc. 1857).

N° 110. — *Procès-verbal constatant qu'un cocher a été trouvé dormant sur son siège étant en circulation.*

Cejourd'hui... mil huit cent..., à trois heures du soir, nous, soussignés, Hector D... et Jean P..., gardes à la 2e compagnie du 1er bataillon de la garde républicaine, casernés rue de Tournon, revêtus de notre uniforme, et passant rue des Quatre-Fils, avons remarqué que le cocher du fiacre n°..., qui tenait la tête de la file à cette station, était endormi sur son siège et tout à fait hors d'état de maintenir ses chevaux et de les diriger au besoin. Nous étant approchés de lui et l'ayant réveillé, nous lui avons déclaré que les ordonnances de police et le Code pénal faisant expresses défenses aux cochers et conducteurs de chevaux de s'endormir lorsqu'ils sont préposés à la garde ou à la conduite de leur voiture, nous dresserions contre lui le présent procès-verbal. Sur notre demande il a répondu se nommer Jean L..., être âgé de quarante-deux ans, cocher du fiacre n°..., appartenant au sieur G..., et demeurer rue du C..., n°...

De ce que dessus, nous avons rédigé le présent procès-verbal, qui sera remis en double expédition au commandant de la compagnie, conformément à l'art. 27 du règlement du 30 avril 1883.

Fait et clos à Paris, les jour, mois et an que dessus.

(*Signatures des gardes verbalisants.*)

Ce procès-verbal doit être visé pour timbre et enregistré en débet dans les quatre jours de sa date.

Il est défendu aux cochers de conduire en état d'ivresse, de fumer et de dormir lorsque leurs voitures seront en marche. Il leur est interdit d'ôter leurs habits, même pendant les chaleurs (art. 37 de l'ord. du 24 déc. 1857).

Le fait d'avoir dormi sur son siège détermine, contre le cocher, l'application des peines de police prononcées par l'art. 475 n° 3 du Code pénal (art. 45 n° 16 de l'instr. du 30 avril 1883 sur le service journalier et municipal de la garde républicaine).

N° 111. — *Procès-verbal constatant qu'un cocher a été trouvé conduisant sa voiture lorsqu'il était ivre.*

Cejourd'hui... mil huit cent..., à cinq heures du soir, nous, soussignés, Louis P... et Claude R..., gardes à la 5e compagnie du 1er bataillon de la garde républicaine, casernés rue de Tournon, passant sur le pont au Change, avons remarqué que le cocher du fiacre n°... vacillait sur son siège et présentait les apparences d'un homme ivre. Lui ayant fait en vain plusieurs fois signe de s'arrêter, il a continué sa course, et ce n'a été qu'après deux ou trois minutes que nous sommes parvenus à l'empêcher d'avancer. Nous étant alors approchés de lui, nous l'avons sommé de nous exhiber ses papiers, à quoi il a répondu d'une manière inintelligible qui nous a de plus en plus convaincus qu'il était ivre. Ayant fait part de cette circonstance à deux personnes qui se trouvaient dans sa voiture, nous les avons engagées à en descendre, de peur d'accident, et avons sommé ce cocher de se rendre à son domicile où nous l'avons accompagné, rue de la Poterie, n° 7. Y étant, nous avons mandé le propriétaire du fiacre qui, ayant, comme nous, reconnu l'état d'ivresse de son domestique, a promis de confier à un autre la conduite de sa voiture, et nous a déclaré que ce cocher se nommait Victor L..., était âgé de vingt-neuf ans, et demeurait en ladite maison, rue de la Poterie, n° 7.

De ce que dessus, nous avons rédigé le présent procès-verbal qui sera remis en double expédition au commandant de la compagnie, conformément à l'art. 27 du règlement du 30 avril 1883.

Fait et clos à Paris, les jour, mois et an que dessus.

(Signatures des gardes verbalisants.)

Ce procès-verbal doit être visé pour timbre et enregistré en débet dans les quatre jours de sa date.

Lorsqu'il sera reconnu qu'un cocher, soit par le fait de plaintes graves ou réitérées, soit à cause de tout autre motif qui serait de nature à compromettre la sûreté publique, ne réunit plus les conditions nécessaires à l'exercice de sa profession, le permis de conduire lui sera retiré (art. 24 de l'ord. de police du 15 janv. 1841).

Seront punis d'amende, depuis 6 fr. jusqu'à 10 fr. inclusivement, les conducteurs de voitures quelconques qui auraient contrevenu aux règlements par lesquels ils sont obligés de se tenir constamment en état de guider et de conduire leurs chevaux et voitures (art. 475 n° 3 du Code pénal, et art. 37 de l'ord. du 24 déc. 1857).

Il est défendu aux cochers de conduire en état d'ivresse, de fumer et de dormir lorsque leurs voitures seront en marche (art. 37 de l'ord. de police du 24 déc. 1857).

Les cochers en état d'ivresse seront immédiatement conduits chez le commissaire de police (art. 35 n° 5 et 45 n° 16 de l'instr. du 30 avril 1883 sur le service journalier et municipal de la garde républicaine).

N° 112. — *Procès-verbal constatant qu'un cocher a blessé un piéton en passant.*

Cejourd'hui... mil huit cent..., à quatre heures du soir, nous, soussignés, Louis B... et Pierre L..., gardes à la 4e compagnie du 1er bataillon de la garde républicaine, casernés rue Mouffetard, revêtus de notre uniforme, et passant rue des Bons-Enfants, avons aperçu un cabriolet qui, en passant près du trottoir, venait de renverser par terre et blesser à la tête une femme qui passait. Ayant sommé le cocher de s'arrêter, nous l'avons ramené au lieu où se trouvait la blessée, laquelle a, sur notre demande, déclaré se nommer Sophie R..., être âgée de vingt-trois ans, domestique au service du sieur D..., rue Saint-Denis, n° 8, ajoutant que, bien que la blessure qui venait de lui être faite répandît beaucoup de sang, elle sentait bien qu'elle ne devait pas être grave. Nous avons alors conduit le cocher chez M. le commissaire de police du quartier, où il a reconnu les faits ci-dessus rapportés, s'excusant sur le peu de largeur de la rue. L'exhibition de ses papiers a fait connaître qu'il se nomme Sylvestre B..., âgé de vingt-huit ans, cocher du cabriolet de place n° 13, appartenant au sieur R..., rue du Faubourg-Saint-Martin, n° 74. M. le commissaire de police ayant ordonné qu'il serait mis en liberté, nous avons rédigé le présent procès-verbal qui sera remis en double expédition au commandant de la compagnie, conformément à l'art. 27 du règlement du 30 avril 1883.

Fait et clos à Paris, les jour, mois et an que dessus.

(Signatures des gardes verbalisants.)

Ce procès-verbal doit être visé pour timbre et enregistré en débet dans les quatre jours de sa date.

Les cochers en état d'ivresse, ainsi que ceux qui auraient causé par imprudence ou négligence un accident grave sur la voie publique, seront immédiatement conduits chez le commissaire de police (art. 45 n° 16 de l'instr. du 30 avril 1883 sur le service journalier et municipal de la garde républicaine).

Le fait ci-dessus rapporté constitue un délit passible de peines correctionnelles, aux termes de l'art. 309 du Code pénal, et est passible d'emprisonnement de trois mois à deux ans, et d'une amende de 50 fr. à 600 fr.

N° 113. — *Procès-verbal constatant qu'un cocher de voiture sous remise ou de place a été trouvé en maraude sur la voie publique.*

Cejourd'hui... mil huit cent..., à quatre heures du matin, nous, soussignés, Victor M... et André F..., gardes à la 3e compagnie du 2e bataillon de la garde républicaine, casernés rue de Lille, revêtus de notre uniforme, et passant rue Saint-Honoré, avons remarqué un cabriolet de remise portant le n°..., dont le cocher offrait, par paroles et gestes, ses services aux passants. Nous étant approchés de lui, il a sur notre demande répondu se nommer Edouard P..., cocher, demeurant rue du Temple, n° 2, ce qu'il a justifié par la présentation de sa médaille et de ses papiers de sûreté ; nous lui avons déclaré que, l'ayant surpris offrant, par paroles et par gestes, sa voiture au public, ce qui constitue une contravention à l'ordonnance de police, nous dresserions contre lui le présent procès-verbal qui sera remis en double expédition au commandant de la compagnie, conformément à l'art. 27 du règlement du 30 avril 1883.

Fait et clos à Paris, les jour, mois et an que dessus.

(Signatures des gardes verbalisants.)

Ce procès-verbal doit être visé pour timbre et enregistré en débet dans les quatre jours de sa date.

Il est défendu aux cochers d'offrir, par paroles ou par gestes, leurs voitures au public, lorsque ces voitures ne sont pas en station sur les emplacements à ce affectés ; de racoler les passants, de parcourir la voie publique au pas, ou de faire exécuter à leurs voitures, sur la même ligne, un va et vient continuel dans le but de faire comprendre qu'ils sont à la disposition du public ; tous actes constituant la maraude, qui leur est formellement interdite. Cependant, lorsque le cocher, ayant sa voiture libre, sera rencontré sur un point quelconque de la voie publique par des personnes qui voudront faire usage de cette voiture, il devra marcher à leur réquisition et aux prix des tarifs (art. 5 de l'ord. de police du 26 mai 1866).

La contravention ci-dessus constatée est punie d'amende depuis 1 fr. jusqu'à 5 fr. inclusivement par l'art. 471 n° 15 du Code pénal.

En cas de récidive, la peine d'emprisonnement est toujours prononcée pendant trois jours au plus, par application de l'art. 474 dudit Code.

Les procès-verbaux en matière de contravention à la police des voitures doivent indiquer avec exactitude et précision le numéro de la voiture et la couleur de ce numéro ; désigner l'espèce de voiture, telles que fiacres, cabriolets bourgeois ou de place, de l'intérieur ou de l'extérieur, voitures bourgeoises ou de remise, charrettes, haquets, etc., et faire connaître si le prévenu de contravention a exhibé sa médaille, son livret ou ses papiers de sûreté (art. 31 de l'instr. du 30 avril 1883 sur le service journalier et municipal de la garde républicaine).

N° 114. — *Procès-verbal constatant qu'un cocher a fait stationner sa voiture sur un point où ce stationnement n'est pas autorisé.*

Cejourd'hui... mil huit cent..., à trois heures après midi, nous, soussignés,

Louis G.... maréchal des logis, et Pierre S.... brigadier, tous les deux à la 2e compagnie du 2e bataillon de la garde républicaine, casernés rue de la Banque, revêtus de notre uniforme, et passant rue du Temple, avons remarqué un cabriolet de remise qui y stationnait, bien que ce lieu ne soit pas destiné à cet usage. Nous étant approchés du cocher, nous lui avons fait observer qu'il n'était pas autorisé à stationner en cet endroit ; il nous a répondu qu'il le savait bien, mais que son cheval étant las, et ayant besoin de manger, il n'avait pas voulu se rendre à la station. Il a sur notre demande déclaré se nommer Claude P..., être cocher du cabriolet de remise n°..., et demeurer rue des C..., n°... Nous étant assurés de la sincérité de sa déclaration par l'examen de ses papiers de sûreté, nous lui avons déclaré que, le trouvant en contravention à l'ordonnance de police, nous rédigerions contre lui le présent procès-verbal qui sera remis en double expédition au commandant de la compagnie, conformément à l'art. 27 du règlement du 30 avril 1883.

Fait et clos à Paris, les jour, mois et an que dessus.

(Signatures des gardes verbalisants.)

Ce procès-verbal doit être visé pour timbre et enregistré en débet dans les quatre jours de sa date.

Il est défendu aux cochers de faire stationner leurs voitures, lorsqu'elles ne sont point gardées, sur les points où ce stationnement n'est pas autorisé (art. 5 et 6 de l'ord. du 26 mai 1866).

Les cochers dont les voitures seront louées les placeront de manière à gêner le moins possible la circulation.

Dans toutes les rues qui n'auront pas une largeur d'au moins douze mètres (les trottoirs compris), il leur est défendu de stationner vis-à-vis d'une voiture déjà arrêtée du côté opposé. Si une voiture stationne dans une rue sans trottoirs, il devra être laissé un passage libre pour la circulation entre cette voiture et les maisons riveraines.

Dans aucun cas, le stationnement des voitures ne pourra avoir lieu aux carrefours, et aux embranchements des rues, ainsi que devant l'entrée des passages publics, qui sera constamment maintenue libre (art. 43 de l'ord. de police du 24 déc. 1857).

La contravention constatée par ce procès-verbal est punie d'amende depuis 1 fr. jusqu'à 5 fr. inclusivement, par l'art. 471 n° 15 du Code pénal.

N° **115**. — *Procès-verbal constatant que le propriétaire d'une voiture sous remise a fait conduire sa voiture par un jeune homme âgé de moins de 18 ans à qui il avait remis le permis de conduire d'un autre.*

Cejourd'hui... mil huit cent..., à trois heures du soir, nous, soussignés, Georges A... et Charles M..., tous deux gardes à la 6e compagnie du 3e bataillon de la garde républicaine, casernés à Napoléon, revêtus de notre uniforme, et passant rue de Paradis-Poissonnière, avons remarqué un cabriolet stationnant en attente, dont le cocher nous parut n'avoir pas l'âge fixé par les règlements. Nous étant approchés de ce jeune homme, et lui ayant demandé son permis de conduire, il nous en a remis un dont le signalement ne se rapportait nullement à lui. En effet, la personne signalée audit permis était âgée de trente-quatre ans, et le jeune homme qui en était porteur en avait tout au plus dix sept. Sur notre demande il répondit se nommer Achille P..., âgé de seize ans et demi, être au service du sieur B..., propriétaire de cabriolets de remise, rue J..., n°... Voyant que le permis à nous exhibé n'était point applicable au porteur qui, en outre, n'avait pas l'âge requis pour être cocher, nous avons conduit le cabriolet, qui portait le n°..., à la fourrière, et ledit Achille P... chez le commissaire de police du quartier, qui a procédé à son interrogatoire.

De ce que dessus, nous avons rédigé, tant contre ledit P... que contre le sieur B..., comme civilement responsable, le présent procès-verbal qui sera remis en double expédition au commandant de la compagnie, conformément à l'art. 27 du règlement du 30 avril 1883.

Fait et clos à Paris les jour, mois et an que dessus.

(Signatures des gardes verbalisants.)

Ce procès-verbal doit être visé pour timbre et enregistré en débet dans les quatre jours de sa date.

La profession de cocher de voiture de place ne pourra être exercée que par des individus âgés de dix-huit ans au moins (art. 21 de l'ord. de police du 24 déc. 1857).

Cette contravention est punie d'amende depuis 1 fr. jusqu'à 5 fr. inclusivement, par l'art. 471 n° 15 du Code pénal.

Aucun cocher ne pourra conduire une voiture sous remise, sans être muni : 1° d'un bulletin d'entrée en service ; 2° de cartes indicatives du numéro et du tarif de la voiture ; 3° d'une feuille de travail, sur laquelle il inscrira l'heure d'arrivée dans un lieu de remisage et celle du départ, les points de la voie publique sur lesquels les voyageurs auront été pris et déposés.

Chaque cocher devra toujours avoir dans sa voiture : 1° le livre de maître, contenant les règlements sur les voitures sous remise ; 2° le permis de circulation de la voiture ; 3° le laissez-passer de l'administration des contributions indirectes. Les cochers devront représenter les pièces dont il s'agit à toute réquisition des agents de l'autorité. Si le cocher est propriétaire de la voiture, le bulletin d'entrée en service sera remplacé par un permis de conduire (art. 35 de l'ord. du 24 déc. 1857 et art. 7 de l'ord. de police du 26 mai 1866).

Il est expressément défendu à tout conducteur d'une voiture faisant le service de place, de confier à qui que ce soit la conduite de sa voiture et les divers papiers dont il doit être porteur (art. 35 de l'ord. du 24 déc. 1857).

N° 116. — *Procès-verbal constatant qu'un cocher de voiture sous remise a refusé de marcher et a demandé, pour le faire, un salaire supérieur à celui fixé par le tarif des courses.*

Cejourd'hui... mil huit cent..., à onze heures du matin, nous, soussignés, Hector D..., et Alexandre P..., tous les deux gardes au 5e escadron de la garde républicaine, casernés à la Cité, revêtus de notre uniforme, et passant rue du Mail, avons remarqué un cocher de voiture de remise portant le n°... qui était en discussion avec une dame qui voulait le faire marcher. Nous étant approchés, nous avons entendu que, sous prétexte que la course était longue, il se refusait à la faire, à moins que cette dame ne la lui payât trois francs, c'est-à-dire un franc en sus du tarif. L'ayant alors sommé de se conformer au règlement à cet égard, ce qu'il n'a fait qu'après plusieurs refus, il a répondu sur notre demande se nommer Simon R..., n°..., être cocher du cabriolet de remise n°..., et demeurer rue de B..., n°... Nous étant assurés de la sincérité de sa déclaration par l'inspection de sa médaille et de ses papiers, nous lui avons déclaré que, le trouvant en contravention à l'ordonnance de police, nous rédigerions contre lui le présent procès-verbal qui sera remis en double expédition au commandant de l'escadron, conformément à l'art. 27 du règlement du 30 avril 1883.

Fait et clos à Paris, les jour, mois et an que dessus.

(Signatures des gardes.)

Ce procès-verbal doit être visé pour timbre et enregistré en débet dans les quatre jours de sa date.

Tout cocher de voiture sous remise sera tenu de marcher, soit à l'intérieur de Paris, soit à l'extérieur, dans le ressort de la préfecture de police, aux prix fixés par les tarifs des arrêtés du préfet de la Seine du 26 mai 1866 et 13 août 1872 (art. 45 n° 20 de l'instr. du 30 avril 1883 sur le service municipal de la garde républicaine).

Il est enjoint à tout cocher d'offrir une carte indicative du numéro et du tarif de sa voiture à la personne qui vient d'y monter (art. 27 de l'ord. de police du 24 déc. 1857).

Il y aura constamment dans l'intérieur des voitures de place ou de remise une plaque indicative du numéro et des tarifs (art. 7 de l'ord. du 26 mai 1866).

La contravention aux dispositions de ces ordonnances est punie d'une amende de 1 fr. jusqu'à 5 fr. inclusivement, par application de l'art. 471 n° 15 du Code pénal.

En cas de récidive, la peine d'emprisonnement aura toujours lieu pendant trois jours au plus, aux termes de l'art. 474 dudit Code.

N° 117. — *Procès-verbal constatant qu'un cocher de remise fumait sur son siège en conduisant sa voiture.*

Cejourd'hui... mil huit cent.... à trois heures après midi, nous, soussignés, Pierre B..., maréchal des logis, et Jean C..., garde, tous deux à la 3e compagnie du 1er bataillon de la garde républicaine, casernés rue de Tournon, revêtus de notre uniforme, et passant dans la rue Montmartre, avons remarqué que le cocher du cabriolet de remise portant le n°... fumait en conduisant une dame qui était dans sa voiture. Lui ayant fait signe d'arrêter, nous l'avons sommé d'éteindre sa pipe, ce qu'il a fait de suite ; puis sur notre demande il a dit se nommer Louis P..., être âgé de vingt-sept ans, cocher de remise, et demeurer rue aux O..., n°... Nous étant assurés de l'exactitude de sa déclaration par l'examen de sa médaille et de ses papiers de sûreté, nous lui avons déclaré que, le trouvant en contravention à l'ordonnance de police, nous dresserions contre lui le présent procès-verbal qui sera remis en double expédition au commandant de la compagnie, conformément à l'art. 27 du règlement du 30 avril 1883.

Fait et clos à Paris, les jour, mois et an que dessus.

(Signatures des gardes.)

Ce procès-verbal doit être visé pour timbre et enregistré en débet dans les quatre jours de sa date.

Il est défendu aux cochers de fumer lorsqu'ils conduiront leurs voitures ; d'ôter leurs habits, même pendant les chaleurs ; de conduire en blouse ; de laisser monter le public sur l'impériale ou sur le derrière de leurs voitures (art. 37 de l'ord. du 24 déc. 1857).

Les domestiques des personnes qui se trouveront dans les voitures pourront seuls monter derrière, et les apprentis cochers sur le siège (art. 28 de l'ord. de police du 24 déc. 1857).

Il est défendu aux cochers de fumer en conduisant leurs voitures et d'accrocher les sacs à avoine ou les musettes au siége ou à toute autre partie extérieure de la voiture. Le fourrage doit être placé dans les coffres (art. 45 n° 17 de l'instr. du 30 avril 1883 sur le service journalier et municipal de la garde républicaine).

La contravention à cette ordonnance est punie d'amende depuis 1 fr. jusqu'à 5 fr. inclusivement par l'art. 471 n° 15 du Code penal.

N° **118**. — *Procès-verbal constatant qu'un apprenti cocher n'avait pas sa plaque au bras.*

Cejourd'hui... mil huit cent..., à neuf heures du matin, nous, soussignés, Auguste C... et Jean B..., gardes à la 6ᵉ compagnie du 2ᵉ bataillon de la garde républicaine, casernés à Napoléon, revêtus de notre uniforme, et passant boulevard des Italiens, avons aperçu sur le siège du fiacre n°.... à côté du cocher, un jeune homme qui, n'ayant pas la plaque au bras, nous parut n'être point un apprenti cocher. Ayant demandé au conducteur pourquoi ce jeune homme se trouvait près de lui, il nous a répondu qu'il était apprenti cocher ; et, en effet ce dernier nous a exhibé ses papiers de sûreté, ainsi que l'extrait timbré de son inscription au registre. Alors nous lui avons fait observer qu'aux termes de l'ordonnance de police, il devait avoir attachée au bras gauche une plaque de cuivre fixée à un brassard en cuir et portant pour légende : *Apprenti cocher*. A quoi il a répondu qu'il lui en avait été délivré une à la préfecture de police, mais qu'il avait oublié de l'attacher à l'habit qu'il porte aujourd'hui. En conséquence, nous l'avons prévenu que, le trouvant en contravention à ladite ordonnance, nous dresserions contre lui procès-verbal. Sur notre demande il a dit se nommer Jean L..., être âgé de... ans, apprenti cocher, et demeurer rue G..., n°..., chez le sieur L... où il sert comme domestique ; ce que nous avons reconnu exact par l'examen de ses papiers de sûreté.

De ce que dessus nous avons rédigé le présent procès-verbal qui sera remis en double expédition au commandant de la compagnie, conformément à l'art. 27 du règlement du 30 avril 1883.

Fait et clos à Paris, les jour, mois et an que dessus.

(Signatures des gardes.)

Ce procès-verbal doit être visé pour timbre et enregistré en débet dans les quatre jours de sa date.

La contravention ci-dessus signalée est punie d'amende depuis 1 fr. jusqu'à 5 fr. inclusivement, par l'art. 471 n° 15 du Code pénal.

En cas de récidive, la peine d'emprisonnement est toujours prononcée pendant trois jours au plus, par application de l'art. 474 dudit Code.

Les apprentis cochers doivent être pourvus de :

1° Une plaque en cuivre, attachée au bras gauche par un brassard en cuir, portant cette légende : APPRENTI COCHER.

2° Un extrait timbré de leur inscription au registre;

3° Leurs papiers de sûreté.

Il leur est défendu de se dessaisir de ces pièces en faveur de qui que ce soit.

Les apprentis cochers ne devront jamais conduire seuls et ils ne pourront monter sur le siège après dix heures du soir (art. 46 et suivants de l'ord. de police du 10 juill. 1857).

N° 119. — *Procès-verbal constatant qu'un cocher a conduit sa voiture au galop.*

Cejourd'hui... mil huit cent..., à cinq heures après midi, nous, soussignés, Pierre L... et Louis D..., gardes à la 3e compagnie du 2e bataillon de la garde républicaine, casernés rue de Lille, revêtus de notre uniforme, et passant rue Coquillière, avons aperçu un cabriolet dirigé au grand galop vers la place des Victoires. Nous y étant également rendus, nous l'avons trouvé stationnant seul sur ladite place. Nous étant informés où était le cocher, nous avons appris qu'il était entré chez le sieur M..., marchand de vins ; l'ayant fait appeler, nous lui avons déclaré que, l'ayant rencontré rue Coquillière, faisant galoper son cheval, nous dresserions contre lui procès-verbal de cette contravention à l'ordonnance de police. Sur notre interpellation il a dit se nommer Jean P..., demeurer rue Lesdiguières, n°..., être cocher du cabriolet n°..., appartenant au sieur P..., loueur de voitures, rue Saint-Antoine, n°... Nous nous sommes assurés de la sincérité de cette déclaration par l'examen que nous avons fait de la médaille et des papiers de sûreté de l'inculpé.

De ce que dessus nous avons rédigé le présent procès-verbal qui sera remis en double expédition au commandant de la compagnie, conformément à l'art. 27 du règlement du 30 avril 1883.

Fait et clos à Paris, les jour, mois et an que dessus.

(Signatures des gardes.)

Ce procès verbal doit être visé pour timbre et enregistré en débet dans les quatre jours de sa date.

Il est défendu aux cochers de faire galoper leurs chevaux, dans quelque circonstance que ce soit. Les voitures devront être conduites au pas dans les marchés et les rues étroites où deux voitures seulement peuvent passer de front, ainsi qu'au passage des barrières, à la descente des ponts, aux carrefours, aux détours des rues, et généralement sur tous les points de la voie publique où il existera, soit une pente rapide, soit des obstacles à la circulation (art. 38 et 42 de l'ord. du 24 déc. 1857).

Les cochers ne pourront faire marcher leurs voitures qu'au pas et sur une seule file, jusqu'à ce qu'elles soient sorties des rues environnant les théâtres et autres lieux de réunion et de divertissements publics.

En cas d'accidents causés sur la voie publique par une voiture de place, le cocher sera immédiatement conduit devant un commissaire qui l'interrogera et dressera procès-verbal (ord. du 15 janv. 1841 et 10 août 1857).

Les conducteurs de voitures quelconques devront marcher au pas en passant aux barrières d'octroi, aux passages à niveau, aux détours des rues, à la descente des ponts et généralement dans les endroits où la pente est rapide (art. 45 n° 12 de l'instr. du 30 avril 1883 sur le service journalier et municipal de la garde républicaine).

La contravention constatée par ce procès-verbal est punie d'amende depuis 1 fr. jusqu'à 5 fr. inclusivement, par l'art. 471 n° 15 du Code pénal.

N° 120. — *Procès-verbal constatant qu'un cocher n'a à sa voiture ni numéro estampillé, ni lanternes.*

Cejourd'hui... mil huit cent..., à six heures du soir, nous, soussignés, Claude M... et Paul V..., gardes à la 4e compagnie du 2e bataillon de la garde républicaine, casernés rue de Lille, revêtus de notre uniforme, et passant rue aux Ours, avons remarqué un cabriolet de place sans lanternes et sans numéro estampillé. Nous étant approchés du cocher, nous lui en avons fait l'observation, et sur notre demande il a répondu se nommer Anselme B..., être cocher des sieurs M... et compagnie, entrepreneurs de voitures publiques à la Chapelle-Saint-Denis, et demeurer à Paris, rue du Faubourg-Saint-Denis, n°... Nous étant assurés de la sincérité de sa déclaration par l'examen de ses papiers de sûreté, nous lui avons déclaré que, le trouvant en contravention aux ordonnances de police, nous rédigerions contre lui et contre les sieurs M... et compagnie, civilement responsables, le présent procès-verbal qui sera remis en double expédition au commandant de la compagnie, conformément à l'art. 27 du règlement du 30 avril 1883.

Fait et clos à Paris, les jour, mois et an que dessus.

(Signatures des gardes.)

Ce procès-verbal doit être visé pour timbre et enregistré en débet dans les quatre jours de sa date.

Les numéros apposés tant à l'extérieur que dans l'intérieur des voitures de place ne pourront être effacés ni changés sans autorisation du préfet de police.

Les numéros placés à l'extérieur seront estampillés d'un poinçon ayant, en hauteur comme en largeur, 20 millimètres (art. 4 de l'ord. du 31 mai 1866).

Les voitures seront numérotées et estampillées. Les numéros seront peints en chiffres arabes sur le panneau de derrière dit de lunette et sur les deux panneaux du siège du cocher. Les numéros des voitures de place et de remise seront de couleur rouge et de forme anglaise. Les numéros des voitures de place seront répétés sur les verres de côté des deux lanternes (art. 4 de l'ord. de police du 31 mai 1866).

Aucune voiture, de quelque espèce que ce soit, ne pourra circuler dans Paris pendant la nuit sans être pourvue d'un falot ou d'une lanterne, qui devra être allumé dès la chute du jour. Ces falots ou lanternes, garnis de vitres bien transparentes, seront placés extérieurement et autant que possible sur le devant des voitures ; ils seront toujours entretenus propres et en bon état (art. 47 de l'ord. de police du 24 déc. 1857, art. 25 de l'ord. du 26 août 1861 et 45 n° 18 de l'instr. du 30 avril 1883 sur le service municipal et journalier de la garde républicaine).

L'infraction aux dispositions des ordonnances sus-énoncées est punie d'amende depuis 1 fr. jusqu'à 5 fr. inclusivement, par l'art. 471 n° 15 du Code pénal.

N° **121**. — *Procès-verbal constatant que le cocher d'un cabriolet de place a fait marcher ses chevaux autrement qu'au pas, aux abords et à la sortie des spectacles, dans les halles ou à la descente des ponts.*

Ce procès-verbal doit être visé pour timbre et enregistré en débet dans les quatre jours de sa date.

Les cochers ne pourront faire arriver leurs voitures aux théâtres, spectacles, bals et autres lieux de réunion et de divertissements publics, qu'au pas, sur une seule file et par les rues désignées dans les consignes.

Les cochers conduiront également leurs voitures au pas dans les rues étroites où deux voitures seulement peuvent passer de front, au passage des barrières, au détour des rues, à la descente des ponts et sur tous les points de la voie publique où il existe, soit une pente rapide, soit des obstacles à la circulation (art. 41 et 42 de l'ord. de police du 24 déc. 1857 et art. 45 n° 12 de l'instr. du 30 avril 1883 sur le service municipal et journalier de la garde républicaine).

N° **122**. — *Procès-verbal constatant qu'un cocher a exigé le prix de deux courses pour avoir été détourné de son chemin par la volonté de la personne qui l'employait.*

Cejourd'hui... mil huit cent..., à dix heures du matin, nous, soussignés, Hector C... et Alexandre P..., tous deux gardes à la 2e compagnie du 2e bataillon de la garde républicaine, casernés rue de la Banque, revêtus de notre uniforme, et passant rue du Faubourg-Poissonnière, avons remarqué que le cocher du cabriolet de place n°... était en discussion avec un jeune homme qui ne voulait lui payer que le prix d'une heure. Nous étant approchés et nous étant fait expliquer les causes de la contestation, nous avons appris que le cocher ayant été, disait-il, détourné de son chemin, réclamait le prix de deux courses. Lui ayant fait observer que sa demande était contraire aux règlements ; que, bien qu'il eût été détourné de son chemin, il ne lui était alloué par le tarif que le prix d'une heure ; que, ainsi qu'il en convenait, sa course ne durant que depuis quarante minutes, il ne pouvait exiger que le prix de l'heure. Nous lui avons déclaré que, le trouvant en contravention à l'ordonnance de police, nous rédigerions contre lui procès-verbal. Sur notre demande il a déclaré se nommer Pierre B..., être âgé de vingt-neuf ans, cocher aux gages du sieur M..., loueur de voitures au Petit-Montrouge, rue..., n°..., et demeurer rue..., n°... Nous étant assurés de la sincérité de sa déclaration par l'examen de sa médaille et de ses papiers de sûreté, nous avons rédigé le présent procès-verbal qui sera remis en double expédition au commandant de la compagnie, conformément à l'art. 27 du règlement du 30 avril 1883.

Fait et clos à Paris, les jour, mois et an que dessus.

(Signatures des gardes.)

Ce procès-verbal doit être visé pour timbre et enregistré en débet dans les quatre jours de sa date.

Les cochers loués à la course ont le droit de suivre la voie la plus courte ou la plus facile ; ils ne peuvent prétendre qu'au prix de la course lorsque, sans s'écarter de l'itinéraire, ils sont requis de déposer, pendant le trajet, un ou plusieurs voyageurs ; ils ont droit au prix de l'heure lorsque, ayant été loués pour une course, ils sont requis de changer l'itinéraire le plus direct pour se rendre à destination ou lorsque les voyageurs font décharger des colis placés à l'extérieur de la voiture.

Les cochers loués à l'heure doivent suivre l'itinéraire indiqué par le voyageur (§ 3 et 4 de l'ord. de police du 24 mai 1866).

La contravention ci-dessus constatée est punie d'amende depuis 1 fr. jusqu'à 5 fr. inclusivement, par l'art. 471 n° 15 du Code pénal.

En cas de récidive, la peine d'emprisonnement a toujours lieu pendant trois jours, aux termes de l'art. 474 dudit Code.

N° **123**. — *Procès-verbal constatant qu'un cocher de cabriolet est venu avec sa voiture se placer dans une rue interdite aux voitures qui ne font pas le service des halles.*

Cejourd'hui... mil huit cent..., à neuf heures du matin, nous, soussignés, Louis B..., maréchal des logis, et Jean P..., garde, tous deux à la 3e compagnie du 1er bataillon de la garde républicaine, casernés rue Mouffetard, revêtus de notre uniforme, passant rue de la Ferronnerie, avons remarqué qu'un cabriolet de place, numéroté... en chiffres arabes rouges sur fond noir, stationnait dans ladite rue avant dix heures du matin, contrairement aux règlements de police. Nous étant approchés du cocher, sur notre interpellation, il déclara se nommer Simon B..., être au service du sieur D..., entrepreneur de voitures publiques au Petit-Montrouge, route d'Orléans, n°..., et demeurer chez ce dernier. Nous étant assurés de la sincérité de cette déclaration, par l'inspection de la médaille et du livret dudit Simon B..., nous l'avons sommé de se retirer de ladite rue, et l'avons prévenu que, le trouvant en contravention à l'ordonnance de police, nous rédigerions contre lui le présent procès-verbal qui sera remis en double expédition au commandant de la compagnie, conformément à l'art. 27 du règlement du 30 avril 1883.

Fait et clos à Paris, les jour, mois et an que dessus.

(Signatures des gardes.)

Ce procès-verbal doit être visé pour timbre et enregistré en débet dans les quatre jours de sa date.

La circulation de toute espèce de voitures est interdite depuis cinq heures jusqu'à dix heures du matin dans les halles du centre et rue Saint-Denis, depuis la rue des Lombards jusqu'à celle de la Grande-Truanderie ;

Rues de la Ferronnerie et St-Honoré jusqu'à celle du Roule ; place et pointe Saint-Eustache ; rue Traînée ; et enfin dans toutes les rues comprises dans l'espace circonscrit par les rues ci-dessus désignées (art. 1er de l'ord. du 21 janv. 1832).

Sont exceptées de cette disposition, les voitures dont les conducteurs vont prendre ou déposer leur chargement, soit dans les halles du centre, soit dans les rues où la circulation est interdite par l'article précédent (art. 2 de ladite ord.).

Les cochers ne pourront traverser les halles du centre avant dix heures du matin (art. 32 de l'ord. de police du 10 juill. 1857).

La contravention ci-dessus signalée est punie d'amende depuis 1 fr. jusqu'à 5 fr. inclusivement, par l'art. 471 n° 15 du Code pénal.

En cas de récidive, l'emprisonnement a toujours lieu pendant trois jours au plus, en vertu de l'art. 474 dudit Code.

N° **124**. — *Procès-verbal constatant qu'un cocher s'est refusé de suivre l'itinéraire tracé, un jour de revue ou de fête à Longchamps.*

Ce procès-verbal doit être visé par timbre et enregistré en débet dans les quatre jours de sa date.

Les cochers ou conducteurs de voitures publiques ou particulières seront tenus, les jours de revue à Longchamps et de la Fête nationale du 14 Juillet, d'obtempérer aux injonctions des préposés de la Préfecture de police qui les inviteront à changer leur itinéraire (art. 11 de l'ord. de police du 10 juill. 1881).

N° **125**. — *Procès-verbal constatant qu'un cocher de voiture de place ou de remise a exigé un prix supérieur à celui qui lui était dû, pour n'avoir pas été employé après avoir été mandé à domicile.*

Cejourd'hui... mil huit cent..., à cinq heures du soir, nous, soussignés, Jules P..., Claude P... et Jacques B..., gardes à la 2e compagnie du 2e bataillon de la garde républicaine, casernés rue de la Banque, revêtus de notre uniforme, et passant rue de Dunkerque devant l'hôtel de..., nous nous sommes aperçus qu'une altercation s'élevait entre le cocher du fiacre n°... et un particulier qui, venant d'arriver par le chemin de fer du Nord, l'avait fait mander, puis voulait le renvoyer comme n'en ayant plus besoin. Ce cocher exigeait que le prix d'une course lui fût payé, et le voyageur s'y refusait. Après nous être assurés qu'il ne s'était pas écoulé un quart d'heure depuis que la voiture avait été demandée, nous avons fait observer au voyageur qu'il devait la moitié d'une course comme indemnité de déplacement accordée par le règlement; nous déclarâmes au cocher que nous dresserions contre lui procès-verbal, comme le trouvant en contravention à l'ordonnance de police. Sur notre demande il a répondu se nommer Jules B..., être âgé de trente-sept ans, demeurer rue..., n°..., et être au service du sieur P..., entrepreneur de voitures publiques, rue..., n°...

De ce que dessus nous avons rédigé le présent procès-verbal qui sera remis en double expédition au commandant de la compagnie, conformément à l'art. 27 du règlement du 30 avril 1883.

Fait et clos à Paris, les jour, mois et an que dessus.

(Signatures des gardes verbalisants.)

Ce procès-verbal doit être visé pour timbre et enregistré en débet dans les quatre jours de sa date.

Les cochers sont tenus de se rendre au domicile du voyageur pour y charger. Lorsque le temps employé pour leur déplacement et l'attente du voyageur excède 15 minutes, le tarif à l'heure est appliqué à partir du moment où la voiture aura été louée (art 1er § 1 de l'ord. de police du 24 mai 1866).

Le cocher qui aura été appelé pour chercher quelqu'un à domicile, et qui sera renvoyé sans être employé, recevra, à titre d'indemnité de déplacement, la moitié du prix d'une course ordinaire, si le temps employé pour le déplacement et l'attente ne dépasse pas un quart d'heure; le prix entier d'une course si le temps excède un quart d'heure (art. 7 § 2 de l'ord, du 24 mai 1866).

Les cochers allumeront dès la chute du jour les lanternes de leurs voitures (art. 47 de l'ord. du 24 déc. 1857).

Sont en contravention les cochers qui refusent de marcher soit dans l'intérieur de Paris, soit en dehors des fortifications, dans le ressort de la préfecture de police, aux prix fixés par les tarifs (art. 45 n° 20 de l'instr. du 30 avril 1883 sur le service journalier et municipal de la garde républicaine).

En cas de récidive, la peine d'emprisonnement est prononcée pendant trois jours au plus par l'art. 474 du Code pénal.

N° **126**. — *Procès-verbal constatant qu'un cocher, étant en file à la sortie d'un théâtre, l'a coupée pour se mettre en tête et a fait partir ses chevaux au grand trot.*

Cejourd'hui... mil huit cent..., à minuit et demie, nous, soussignés, Claude M... et Stanislas V..., gardes à la 6e compagnie du 3e bataillon de la garde républicaine, casernés à Napoléon, revêtus de notre uniforme, sortant du théâtre de l'Ambigu, et étant par ordre de nos chefs, en surveillance sur le boulevard du Temple, à l'effet d'y maintenir l'ordre parmi les voitures, avons remarqué que le cocher du fiacre n°... partit au galop, coupa la file et vint se mettre en tête; nous étant approchés de lui, nous l'avons sommé d'aller reprendre la place qu'il venait de quitter, ce qu'il a fait de suite; sur notre demande il a répondu se nommer Nicolas G..., être cocher au service du sieur B..., propriétaire de fiacres, rue Saint-André-des-Arts, n°..., et demeurer en la même maison.

Les faits ci-dessus rapportés constituant, de la part dudit sieur G... contravention à l'ordonnance de police qui défend de trotter et de couper la file des voitures à la sortie des établissements et lieux de réunion, nous avons rédigé le présent procès-verbal qui sera remis en double expédition au commandant de la compagnie, conformément à l'art. 27 du règlement du 30 avril 1883.

Fait et clos à Paris, les jour, mois et an que dessus.

(Signatures des gardes.)

Ce procès-verbal doit être visé pour timbre et enregistré en débet dans les quatre jours de sa date.

Les cochers ne pourront faire arriver leurs voitures aux théâtres, spectacles, bals concerts et autres lieux de réunion ou de divertissements publics, que par les rues désignées dans les consignes.

Il leur est fait expresse défense d'interrompre ou de couper la file des voitures à la sortie des établissements et lieux de réunion ci-dessus désignés.

Les cochers ne pourront faire marcher leurs voitures qu'au pas et sur une seule file, jusqu'à ce qu'elles soient sorties des rues environnant ces établissements (art. 41 de l'ord. du 24 déc. 1857).

Les contraventions ci-dessus établies sont punies d'amende depuis 1 fr. jusqu'à 5 fr. inclusivement, par l'art. 471 n° 15 du Code pénal.

N° **127**. — *Procès-verbal constatant qu'un cocher se trouvant sur la place ou sur toute autre partie de la voie publique a refusé de marcher à la réquisition d'un particulier.*

Cejourd'hui... mil huit cent..., à minuit, nous, soussignés, René C..., brigadier, et Bonal V..., garde, à la 4e compagnie du 2e bataillon de la garde républicaine, casernés rue de Lille, revêtus de notre uniforme, étant de service au théâtre de l'Opéra et nous trouvant sur le perron, au moment de la sortie, nous avons été requis par le sieur Jérôme B..., passementier, demeurant rue Solférino, n°..., à l'effet de constater qu'un cocher stationnant rue Scribe se refusait de le conduire à son domicile. Nous étant approchés dudit cocher et l'ayant interpellé, il nous a répondu que son dépôt ne se trouvant pas dans la direction du domicile de ce voyageur et vu l'heure avancée, il était en droit de ne pas le conduire.

Convaincus que sa déclaration était fausse, attendu que la couleur des lanternes de la voiture indiquait le quartier où devait se rendre le réquérant, nous lui avons demandé de nous exhiber ses papiers, qui nous ont fait connaître qu'il se nommait Jean A..., âgé de 25 ans, cocher, inscrit sous le n°..., conduisant la voiture n°... de la Compagnie des petites voitures, dépôt de Montrouge, demeurant rue Daguerre, n°...

Nous l'avons ensuite sommé de conduire le réquérant à son domicile, ce qu'il a accepté, et nous lui avons déclaré que, le trouvant en contravention à l'ordonnance de police, nous dresserions contre lui le présent procès-verbal qui sera remis en double expédition au commandant de la compagnie, conformément à l'art. 27 du règlement du 30 avril 1883.

Fait et clos à Paris, les jour, mois et an que dessus.

(Signatures des gardes verbalisants.)

Ce procès-verbal doit être visé pour timbre et enregistré en débet dans les quatre jours de sa date.

Les cochers devront marcher à toute réquisition, quel que soit l'ordre de sortie des voitures d'un lieu de remisage (art. 50 de l'ord. de police du 24 déc. 1857).

Lorsqu'un cocher, ayant sa voiture libre, sera rencontré sur un point quelconque de la voie publique par des personnes qui voudront faire usage de cette voiture, il devra marcher à leur réquisition et aux prix des tarifs (art. 5 de l'ord. du 26 mai 1866 et art. 45 n° 20 de l'instr. du 30 avril 1883 sur le service municipal et journalier de la garde républicaine.

N° **128**. — *Procès-verbal constatant qu'un cocher a traversé, avec sa voiture, une des contre-allées des Champs-Elysées.*

Cejourd'hui... mil huit cent..., à trois heures du matin, nous, soussignés, Hector D... et Alexandre P..., gardes à la 4e compagnie du 2e bataillon de la garde républicaine, casernés rue de Lille, revêtus de notre uniforme, et passant dans l'avenue principale des Champs-Elysées, avons remarqué que le cocher du fiacre n°... faisait traverser à sa voiture la contre-allée gauche destinée aux piétons. Nous étant mis à sa poursuite et l'ayant rejoint dans l'avenue de Saint-Cloud, sur notre demande il a répondu se nommer Agnan S..., être âgé de quarante-quatre ans, cocher du fiacre marqué *AD* et numéroté en rouge sur fond noir..., ajoutant qu'il demeure chez le sieur B..., propriétaire dudit fiacre, rue Paradis-Poissonnière, n°... Nous étant assurés de la sincérité de sa déclaration par sa médaille et ses papiers de sûreté, nous avons déclaré au dit S... que, le trouvant en contravention à l'ordonnance de police, nous rédigerions contre lui le présent procès-verbal qui sera remis en double expédition au commandant de la compagnie, conformément à l'art. 27 du règlement du 30 avril 1883.

Fait et clos à Paris, les jour, mois et an que dessus.

(Signatures des gardes verbalisants.)

Ce procès-verbal doit être visé pour timbre et enregistré en débet dans les quatre jours de sa date.

Il est défendu de parcourir à cheval ou en voiture, même avec des voitures traînées à bras, les contre-allées des boulevards intérieurs et extérieurs de la capitale, et généralement toutes les parties des promenades publiques non closes réservées aux piétons.

Il sera permis de traverser les contre-allées à cheval ou en voiture pour entrer dans les propriétés riveraines, si le sol de la traversée est disposé à cet effet, conformément aux permissions dont les propriétaires auront dû se pourvoir près de l'autorité compétente (art. 40 de l'ord. de police du 24 déc. 1857).

Sont en contravention ceux qui parcourent à cheval ou en voiture les contre-allées ou les parties des promenades publiques non closes réservées aux piétons (art. 45 n° 29 de l'instr. du 30 avril 1883 sur le service municipal et journalier de la garde républicaine).

La contravention ci-dessus constatée est punie d'amende depuis 1 fr. jusqu'à 5 fr. inclusivement, aux termes de l'art. 471 n° 15 du Code penal.

En cas de récidive, la peine d'emprisonnement pendant trois jours au plus aura toujours lieu, conformément à l'art. 474 dudit Code.

VOITURES A BRAS.

N° 129. — *Procès-verbal constatant qu'un individu a circulé dans Paris la nuit avec une voiture à bras sans lanterne allumée.*

Cejourd'hui... mil huit cent..., à huit heures du soir, nous, soussignés, Joseph B... et Jean D..., gardes à la 4e compagnie du 2e bataillon de la garde républicaine, casernés rue de Lille, n° 60, revêtus de notre uniforme, et passant sur le quai Voltaire, avons vu venir à nous une voiture à bras qui circulait sans être garnie de lanterne allumée. Nous étant approchés du conducteur et lui ayant demandé à qui appartenait cette voiture, il nous a déclaré en être le propriétaire et se nommer Paul A..., épicier, demeurant rue Bonaparte, n°... Nous étant assurés de la sincérité de cette déclaration par l'examen de la plaque placée au côté gauche de la voiture, nous avons déclaré audit sieur Paul A... que, le trouvant en contravention à l'ordonnance de police, nous dresserions contre lui le présent procès-verbal qui sera remis en double expédition au commandant de la compagnie, conformément à l'art. 27 du règlement du 30 avril 1883.

Fait et clos à Paris, les jour, mois et an que dessus.

(Signatures des gardes.)

Ce procès-verbal doit être visé pour timbre et enregistré en débet dans les quatre jours de sa date.

L'ordonnance de police du 22 février 1881 relative aux voitures à bras prescrit de se reporter à l'art. 25 de l'ordonnance du 26 août 1861, aux termes duquel aucune voiture, de quelque espèce que ce soit, ne pourra circuler dans Paris pendant la nuit sans être pourvue d'un falot ou d'une lanterne qui devra être allumée dès la chute du jour. Ces falots ou lanternes, garnis de vitres bien transparentes seront placés extérieurement et, autant que possible, sur le devant des voitures ; ils seront toujours entretenus propres et en bon état.

Seront en contravention les propriétaires des voitures à bras circulant la nuit sans avoir leurs lanternes éclairées (art. 45 n° 15 de l'instr. du 30 avril 1883 sur le service municipal et journalier de la garde républicaine).

(Voir *Voitures et Chevaux*, p. 96, n° 98, art. 17.)

N° 130. — *Procès-verbal constatant qu'un individu a circulé dans Paris avec une voiture à bras traînée par un chien.*

Cejourd'hui... mil huit cent..., à deux heures de l'après-midi, nous, soussignés, Pierre D... et Paul B..., gardes à la 8e compagnie du 1er bataillon de la garde républicaine, casernés rue Morland, n°..., revêtus de notre uniforme, et passant sur le boulevard Henri IV, avons rencontré une voiture à bras surmontée d'un orgue d'une grande dimension et traînée par un gros chien, dit Terre-Neuve. Nous étant approchés du conducteur et lui ayant demandé à qui appartenaient cette voiture et ce chien, il nous a déclaré en être le propriétaire et se nommer Claude H..., joueur d'orgue, demeurant rue Cuvier, n°...

Nous étant assurés de la sincérité de cette déclaration par l'examen de la plaque placée au côté gauche de la voiture, nous avons déclaré au sieur Claude H... que, le trouvant en contravention à l'ordonnance de police qui défend la circulation dans Paris des voitures traînées par des chiens et à la loi relative aux mauvais traitements exercés envers les animaux domestiques, nous dresserions contre lui procès-verbal.

De ce que dessus nous avons rédigé le présent procès-verbal qui sera remis en double expédition au commandant de la compagnie, conformément à l'art. 27 du règlement du 30 avril 1883.

Fait et clos à Paris, les jour, mois et an que dessus.

(*Signatures des gardes.*)

Ce procès-verbal doit être visé pour timbre et enregistré en débet dans les quatre jours de sa date.

La circulation des charrettes, tombereaux ou autres voitures traînées par des chiens sera entièrement interdite dans Paris, quelle que soit la profession de ceux qui emploieraient ce moyen de transport (art. 1er de l'ord. de police du 1er juin 1824 et article unique de la loi du 2 juill. 1850).

Cette contravention est punie d'amende depuis 1 fr. jusqu'à 5 fr. inclusivement, par application de l'art. 471 n° 15 du Code pénal.

En cas de récidive la peine d'emprisonnement pendant trois jours au plus est prononcée par l'art. 474 dudit Code.

VOITURIERS.

N° **131**. — *Procès-verbal constatant qu'un voiturier conduisait dans Paris une charrette non pourvue de plaque.*

Cejourd'hui... mil huit cent..., à neuf heures du matin, nous, soussignés, Charles H... et Simon L..., gardes à la 5e compagnie du 2e bataillon de la garde républicaine, casernés à Napoléon, revêtus de notre uniforme, et passant rue du Faubourg-Saint-Martin, avons rencontré, chargée de pierres, une charrette qui n'était point garnie d'une plaque de métal faisant connaître les noms et domicile du propriétaire. Nous étant approchés du conducteur, il a sur notre demande répondu se nommer Louis V..., âgé de 28 ans, domestique du sieur Camille B..., entrepreneur de maçonnerie, rue Jacob, n°..., et a en outre déclaré que ladite charrette appartenait à son maître. Nous étant assurés de la sincérité de sa déclaration par l'examen de divers papiers qui nous ont été exhibés, nous avons prévenu ledit Louis V... que nous dresserions procès-verbal contre le sieur Camille B..., comme ayant contrevenu aux ordonnances de police.

De ce que dessus nous avons rédigé le présent procès-verbal qui sera remis en double expédition au commandant de la compagnie, conformément à l'art. 27 du règlement du 30 avril 1883.

Fait et clos à Paris, les jour, mois et an que dessus.

(*Signatures des gardes verbalisants.*)

Ce procès-verbal doit être visé pour timbre et enregistré en débet dans les quatre jours de sa date.

Tout propriétaire de voiture ne servant pas au transport des personnes est tenu de faire placer en avant des roues et au côté gauche de sa voiture, quand bien même elle serait à bras, une plaque métallique portant en caractères apparents et lisibles, ayant au moins cinq millimètres de hauteur, ses nom, prénoms et profession, le nom de la commune, du canton et du département de son domicile, ainsi qu'un numéro d'ordre, lorsqu'il aura plusieurs voitures affectées à l'exploitation de son industrie. Cette plaque, qui devra être entretenue en bon état, ne sera jamais masquée (art. 1er de l'ord. de police du 26 août 1861).

Amende de 6 fr. à 15 fr. contre le propriétaire et de 1 fr. à 5 fr. contre le conducteur.

Quand la plaque porte un nom ou un domicile faux, le délinquant doit être traduit devant le tribunal correctionnel et puni d'une amende de 50 fr. à 200 fr. et d'un emprisonnement de six jours à six mois.

La même peine est applicable à celui qui, conduisant une voiture sans plaque, déclare un nom ou un domicile autre que le sien et que celui du propriétaire pour le compte duquel la voiture est conduite (art. 8 de la loi du 30 mai 1851).

Pour la circulation sur les voies publiques autres que les routes nationales, départementales et les chemins de grande communication, il suffit que la plaque indique le nom et le domicile du propriétaire de la voiture, le règlement du 23 juin 1806 n'exigeant rien de plus (Cass., 13 mars 1856 et 10 fév. 1870).

Dans ce cas l'amende de 6 à 10 fr. est édictée par l'art. 475 du Code pénal ; les gendarmes n'ont droit à aucune prime et le procès-verbal est enregistré dans les quatre jours de sa date (Cass., 21 déc. 1855, 27 avril et 20 nov. 1860 et 9 avril 1864).

Si la contravention est constatée sur une des routes ci-dessus mentionnées elle concerne la police du roulage et donne droit à la prime. Le procès-verbal dans ce cas doit être enregistré dans les trois jours de sa date à peine de nullité.

N° **132**. — *Procès-verbal constatant qu'un charretier a laissé stationner sur la voie publique sa voiture attelée de quatre chevaux sans conducteur.*

Cejourd'hui... mil huit cent..., à huit heures du matin, nous, soussignés, Prosper L... et François B..., gardes à la 4e compagnie du 1er bataillon de la garde républicaine, casernés rue de Tournon, revêtus de notre uniforme, et passant rue Saint-Guillaume, avons remarqué qu'une voiture chargée de pierres de taille, attelée de quatre chevaux et abandonnée de son conducteur, stationnait au milieu de ladite rue. Nous étant mis à la recherche du conducteur, nous l'avons trouvé buvant chez un marchand de vins, boulevard Saint-Germain, n°... Sommé par nous de se rendre près de ses chevaux, il les rejoignit aussitôt, et, sur notre interpellation, déclara se nommer Félix C..., être âgé de vingt-sept ans, et domestique du sieur B..., chez qui il demeure, rue Lacépède, n°... Nous étant assurés par l'inspection de la plaque, que ladite voiture appartient réellement au sieur B..., nous avons déclaré audit C... que, l'ayant trouvé en contravention à l'ordonnance de police qui défend aux conducteurs d'abandonner leurs chevaux et leurs voitures, nous rédigerions contre lui le présent procès-verbal, qui sera remis en double expédition au commandant de la compagnie, conformément à l'art. 27 du règlement du 30 avril 1883.

Fait et clos à Paris, les jour, mois et an que dessus.

(Signatures des gardes.)

Ce procès-verbal doit être visé pour timbre et enregistré en débet dans les quatre jours de sa date seulement, parce que la rue St-Guillaume n'est pas une des routes énumérées dans la loi sur la police du roulage.

Il est défendu de faire stationner sans nécessité, sur la voie publique, aucune voiture attelée (art. 10 de l'ord. de police du 7 août 1851).

Les rouliers, charretiers, conducteurs de voitures quelconques ou de bêtes de charge sont obligés de se tenir constamment à portée de leurs chevaux, bêtes de trait ou de charge, et de leurs voitures, et en état de les guider et conduire ; d'occuper un seul côté des rues, chemins ou voies publiques ; de se détourner ou ranger devant toutes autres voitures, et, à leur approche, de leur laisser libre au moins la moitié des rues, chaussées, routes et chemins (art. 2 et 5 de la loi du 30 mai 1851 et art. 14 du règlement du 10 août 1852).

Amende de 6 à 18 fr. ; emprisonnement de un à trois jours.

Les dispositions de l'art. 475 § 3 du Code pénal, qui défend à tous conducteurs de voitures de quitter leurs chevaux et par conséquent de laisser stationner leur voiture attelée sans que l'attelage soit surveillé par son conducteur, étant générales et absolues, s'appliquent aussi bien aux chemins dépendant de la petite voirie qu'à ceux qui appartiennent à la grande voirie, et n'ont pas besoin, pour être obligatoires, d'être rappelées dans quelque règlement de l'autorité locale (Cass., 19 sept. 1846, 21 sept. 1850, 2 oct. 1851 et 22 nov. 1856).

Il est défendu aux conducteurs d'abandonner leurs chevaux et leurs voitures (art. 45 n° 3 de l'instr. du 30 avril 1883 sur le service municipal et journalier de la garde républicaine).

N° **133**. — *Procès-verbal constatant que les ridelles d'une voiture chargée de pierres ont été exhaussées avec des piquets.*

Cejourd'hui... mil huit cent..., à trois heures après midi, nous, soussignés, Pierre F..., maréchal des logis, et Claude P..., garde au 5e escadron de la garde républicaine, casernés aux Célestins, revêtus de notre uniforme, et passant en la rue de la Paix, avons rencontré une voiture dite *fardier*, chargée de moellons, et dont les ridelles étaient exhaussées au moyen de piquets placés verticalement. Les moellons en surcharge pouvant, par leur chute, occasionner des accidents graves, nous avons fait arrêter ladite voiture ; sur notre demande, le conducteur a répondu se nommer Jean L..., âgé de..., demeurer rue Saint-Sauveur, n°..., et être au service du sieur André P..., entrepreneur de voitures, même rue, n°... Nous étant assurés de la sincérité de cette déclaration, par l'inspection de la plaque apposée au brancard de la voiture, nous avons prévenu ledit L... que, le trouvant en contravention à l'ordonnance de police, nous rédigerions, tant contre lui, comme auteur de la contravention, que contre le sieur P..., son maître, civilement responsable, le présent procès-verbal qui sera remis en double expédition au commandant de l'escadron, conformément à l'art. 27 du règlement du 30 avril 1883.

Fait et clos à Paris, les jour, mois et an que dessus.

(Signatures des gardes verbalisants.)

Ce procès-verbal doit être visé pour timbre et enregistré en débet dans les quatre jours de sa date.

Les voitures servant au transport des denrées, marchandises, matériaux et autres objets doivent être construites avec solidité et entretenues en bon état.

Les mesures convenables devront être prises pour que les objets formant le chargement soient contenus de manière à ce que la chute n'en soit pas à craindre.

La largeur du chargement ne peut excéder 2 mètres 50 cent.

Les voitures servant au transport du bois, des pierres, moellons et autres matériaux ou objets dont la chute pourrait occasionner des accidents ne seront point chargées au-dessus des ridelles ou des planches de clôture.

Dans aucun cas, les ridelles ne pourront être remplacées ni exhaussées par des bûches ou des piquets placés verticalement pour retenir le chargement (art. 2 de l'ord. de police du 26 août 1861).

La contravention signalée par ce procès-verbal est punie d'amende, depuis 1 fr. jusqu'à 5 fr. inclusivement, par l'art. 471 n° 15 du Code pénal.

En cas de récidive, la peine d'emprisonnement, pendant trois jours au plus, a toujours lieu, par application de l'art. 474 dudit Code.

N° **134**. — *Procès-verbal constatant qu'une voiture chargée de fumiers ou immondices en laissait répandre, et salissait ainsi la voie publique.*

Cejourd'hui... mil huit cent..., à neuf heures du matin, nous, soussignés, Pierre F..., maréchal des logis, et Louis M..., garde, à la 8e compagnie du 3e bataillon de la garde républicaine, casernés à Napoléon, revêtus de notre uniforme, et passant rue Montmartre, avons fait rencontre d'une charrette employée à un transport de fumier, qui avait été chargée de manière à ce que, de distance en distance, il s'en échappât de notables parties qui salissaient la voie publique. Ayant fait arrêter cette voiture, sur notre demande le conducteur répondit se nommer Jean P..., âgé de..., être domestique du sieur V..., propriétaire de ladite voiture, et demeurer chez ce dernier, rue des Quatre-Fils, n°... Nous étant convaincus de la sincérité de cette déclaration par l'inspection de la plaque clouée au brancard de la voiture, nous avons déclaré audit P... que, l'ayant trouvé en contravention à l'ordonnance de police, nous dresserions, tant contre lui que contre son maître, civilement responsable, le présent procès-verbal qui sera remis en double expédition au commandant de la compagnie, conformément à l'art. 27 du règlement du 30 avril 1883.

Fait et clos à Paris, les jour, mois et an que dessus.

(*Signatures des gardes.*)

Ce procès-verbal doit être visé pour timbre et enregistré en débet dans les quatre jours de sa date.

Le chargement des voitures qui transportent des fumiers, déblais, immondices et objets de cette nature doit être fait de manière que rien ne s'en échappe et ne puisse se répandre sur la voie publique.

En ce qui concerne le transport des terres, sables, gravois et mâchefer, les parois des voitures devront dépasser de quinze centimètres au moins toute la partie supérieure du chargement.

Le nettoiement des rues ou parties de rues salies par les voitures en surcharge sera opéré d'office, aux frais des contrevenants (art. 18 de l'ord. de police du 28 oct. 1839).

La contravention ci-dessus constatée est punie d'amende, depuis 1 fr. jusqu'à 5 fr. inclusivement, par l'art. 471 n° 15 du Code pénal.

En cas de récidive, la peine d'emprisonnement, pendant trois jours, sera toujours prononcée par application de l'art. 474 dudit Code.

Il est défendu de verser des ordures sur la voie publique (art. 45 n° 30 de l'instr. du 30 avril 1883 sur le service journalier et municipal de la garde républicaine).

N° **135**. — *Procès-verbal constatant qu'un garçon boucher a conduit sa viande dans une voiture non couverte.*

Cejourd'hui... mil huit cent..., à huit heures du matin, nous, soussignés, Ambroise P... et Jean G..., gardes à la 5e compagnie du 1er bataillon de la garde républicaine, casernés rue Mouffetard, revêtus de notre uniforme, étant de service et passant à l'heure susdite, quai Valmy, avons rencontré un individu qui conduisait au grand trot une voiture, non close ni couverte, chargée de viande. Nous avons signifié au cocher de s'arrêter, ce qu'il a fait, et sur notre demande il a répondu se nommer Joseph Langlade, être âgé de vingt-huit ans, garçon boucher, et demeureur rue de Ménilmontant, n°... Après nous être assurés de la sincérité de sa déclaration par l'inspection de la plaque apposée au brancard de ladite voiture, nous avons déclaré audit L... que, le trouvant en contravention à l'ordonnance de police qui défend aux bouchers de transporter dans Paris la viande à découvert, nous rédigerions contre lui le présent procès-verbal qui sera remis en double expédition au commandant de la compagnie, conformément à l'art. 27 du règlement du 30 avril 1883.

Fait et clos à Paris, les jour, mois et an que dessus.

(*Signatures des gardes.*)

Ce procès-verbal doit être visé pour timbre et enregistré en débet dans les quatre jours de sa date.

Les bouchers, charcutiers et tripiers de Paris sont tenus, à partir du 1er novembre prochain, de ne transporter leurs marchandises que dans des voitures closes et couvertes.

Les bouchers et charcutiers forains approvisionnant les marchés de Paris sont également tenus, à compter de la même époque, de se conformer à cette mesure (art. 1er et 2 de l'ord. de police du 3 oct. 1827).

Il est défendu aux bouchers de transporter leurs viandes à découvert (art. 45 n° 4 de l'instr. du 30 avril 1883 sur le service municipal et journalier de la garde républicaine).

N° **136**. — *Procès-verbal constatant qu'un individu conduisant une voiture chargée de légumes est entré dans Paris avant minuit et parcourait les rues au grand trot.*

Cejourd'hui... mil huit cent..., à onze heures du soir, nous, soussignés, Didier P..., Alphonse C... et Michel L..., gardes à la 2e compagnie du 2e bataillon de la garde républicaine, casernés rue de la Banque, revêtus de notre uniforme, et passant rue Saint-Denis, avons rencontré une voiture de légumes destinés pour le marché des Innocents. Considérant qu'elle entrait dans Paris avant l'heure prescrite, et qu'en outre les chevaux marchaient au grand trot, nous l'avons arrêtée. Sur notre demande le conducteur a répondu se nommer Charles P..., être cultivateur, âgé de trente-un ans, et demeurer à Clichy. Nous étant assurés de la sincérité de sa déclaration par l'inspection de la plaque attachée au timon de la voiture, nous lui avons signifié de nous suivre et de conduire sa voiture à la fourrière établie rue de Pontoise, n° 19, ce qu'il a fait, ainsi qu'il résulte du reçu ci-joint de ladite voiture. Nous l'avons ensuite prévenu que nous dresserions contre lui procès-verbal pour avoir contrevenu à l'ordonnance de police qui défend aux cultivateurs et jardiniers de faire entrer et circuler leurs voitures dans Paris avant minuit.

De ce que dessus nous avons rédigé le présent procès-verbal qui sera remis en double expédition au commandant de la compagnie, conformément à l'art. 27 du règlement du 30 avril 1883.

Fait et clos à Paris, les jour, mois et an que dessus.

(*Signatures des gardes.*)

Ce procès-verbal doit être visé pour timbre et enregistré en débet dans les quatre jours de sa date.

Il est défendu aux cultivateurs, jardiniers et marchand de gros légumes, de jardinage et de fruits qui approvisionnent les marchés de Paris, de faire entrer, circuler leurs voitures et bêtes de somme dans la ville avant minuit (art. 1er de l'ord. de police du 23 juin 1833).

Il est expressément défendu aux conducteurs de ces voitures de mettre leurs chevaux au trot ou au galop (art. 3 de ladite ordonnance).

Les voitures des approvisionnements trouvées en contravention seront mises en fourrière (art. 4 de l'ordonnance).

La contravention ci-dessus constatée est punie d'amende, depuis 1 fr. jusqu'à 5 fr. inclusivement, par l'art. 471 du Code pénal.

En cas de récidive, la peine d'emprisonnement, pendant trois jours au plus, est toujours prononcée, en vertu de l'art. 474 dudit Code.

La fourrière est établie rue de Pontoise, n° 19.

N° 137. — *Procès-verbal constatant qu'un charretier n'a pas cédé la moitié du pavé.*

Cejourd'hui... mil huit cent..., à une heure de l'après-midi, nous, soussignés, Louis L..., et Nicolas M..., gardes à la 4e compagnie du 2e bataillon de la garde républicaine, casernés rue de Lille, revêtus de notre uniforme, et passant rue Saint-Jacques, avons aperçu un charretier conduisant une grosse voiture attelée de quatre chevaux, et qui, n'ayant pas voulu céder la moitié du pavé à un cabriolet bourgeois qui venait du côté opposé, l'a accroché en passant et a failli le briser. Nous étant approchés du conducteur de ladite voiture, il a, sur notre demande, répondu se nommer Georges L..., être âgé de vingt-neuf ans, domestique au service du sieur T..., fermier à Lamotte (Seine). Nous lui avons ensuite déclaré que nous dresserions contre lui procès-verbal pour avoir contrevenu à l'ordonnance de police qui prescrit aux conducteurs de voitures de céder la moitié du pavé.

De ce que dessus nous avons rédigé le présent procès-verbal qui sera remis en double expédition au commandant de la compagnie, conformément à l'art. 27 du règlement du 30 avril 1883.

Fait et clos à Paris, les jour, mois et an que dessus.

(Signatures des gardes verbalisants.)

Ce procès-verbal doit être visé pour timbre et enregistré en débet dans les quatre jours de sa date seulement, attendu que la rue de Lille n'est ni une route nationale, ni une route départementale, ni un chemin de grande communication.

Les cochers, postillons, charretiers et autres conducteurs de voitures de toute espèce, suspendues ou non suspendues, chargées ou non chargées, devront, toutes les fois qu'il n'y aura pas d'obstacle, prendre la partie de la chaussée qui se trouvera à leur droite, quand même le milieu de la rue serait libre. Aussitôt que l'obstacle qui les aura forcés de dévier à gauche sera dépassé, il devront reprendre leur droite (art. 16 de l'ord. de police du 26 août 1861).

Sont en contravention les conducteurs de voitures qui ne cèdent pas la moitié du pavé ou qui ne se tiennent pas à portée de leurs chevaux, en état de les conduire ou de les guider. A moins d'impossibilité le pavé est toujours cédé en prenant sur la droite (art. 45 n° 6 de l'instr. du 30 avril 1883 sur le service journalier et municipal de la garde républicaine).

Amende de 6 à 10 fr. ; emprisonnement de un à trois jours. — En récidive, amende de 15 fr. ; emprisonnement de cinq jours.

Tout roulier ou conducteur de voiture doit se ranger à sa droite à l'approche de toute autre voiture, de manière à lui laisser libre la moitié de la chaussée (*Art. 9 du règlement du 10 août 1852*).

N° 138. — *Procès-verbal constatant que la conduite de chevaux et d'une voiture a été confiée à un individu âgé de moins de dix-huit ans.*

Cejourd'hui... mil huit cent..., à neuf heures du matin, nous, soussignés, Henri D... et Pierre P..., gardes au 4e escadron de la garde républicaine, casernés aux Célestins, revêtus de notre uniforme, et passant rue de l'Arbre-Sec, avons rencontré une charrette, attelée de deux chevaux, conduite par un individu qui nous parut âgé de moins de dix-huit ans. Nous étant approchés de lui il a, sur notre demande, répondu se nommer Claude H..., être âgé de seize ans, au service du sieur Pierre D..., entrepreneur de maçonnerie, rue de la Tixeranderie, n°..., et demeurer chez ce dernier. Nous nous sommes assurés de la sincérité de sa déclaration par l'inspection de la plaque adaptée au timon de ladite voiture; nous avons prévenu ledit conducteur que nous dresserions procès-verbal contre le sieur Pierre D... pour avoir contrevenu à l'ordonnance de police qui prescrit de ne confier la conduite des voitures qu'à des individus capables de les conduire et âgés d'au moins dix-huit ans.

De ce que dessus nous avons rédigé le présent procès-verbal qui sera remis en double expédition au commandant de l'escadron, conformément à l'art. 27 du règlement du 30 avril 1883.

Fait et clos à Paris, les jour, mois et an que dessus.

(*Signatures des gardes verbalisants.*)

Ce procès-verbal doit être visé pour timbre et enregistré en débet dans les quatre jours de sa date.

La conduite des voitures ne pourra être confiée qu'à des individus capables de les conduire et âgés d'au moins dix-huit ans. Nul ne pourra, en état d'ivresse, conduire une voiture (art. 24 de l'ord. de police du 26 août 1861).

Amende de 1 à 5 fr. (art. 471 n° 15 du Code pénal). En récidive, l'emprisonnement a toujours lieu pendant trois jours au plus (art. 474 dudit Code).

N° 139. — *Procès-verbal constatant qu'un charretier a été trouvé assis sur un des brancards de sa voiture.*

Cejourd'hui... mil huit cent..., à neuf heures du matin, nous, soussignés, Prosper V... et Louis L..., gardes à la 8e compagnie du 2e bataillon de la garde républicaine, casernés à Napoléon, revêtus de notre uniforme, et passant rue du Mail, avons rencontré une voiture dite haquet, attelée de deux chevaux, dont le conducteur était assis sur le brancard gauche. L'ayant fait descendre, il a sur notre demande dit se nommer Félix R..., être âgé de vingt-neuf ans, demeurer rue Denfert, n°..., et être au service des sieurs S... et compagnie, brasseurs, mêmes rue et numéro. Nous étant assurés de la sincérité de la déclaration par l'inspection de la plaque de la voiture nous avons déclaré audit R... que, le trouvant en contravention à l'ordonnance de police qui défend aux charretiers et à tous les conducteurs de monter sur les voitures employées au transport de marchandises et n'ayant pas de siège sur le devant, nous rédigerions contre lui le présent procès-verbal qui sera remis en double expédition au commandant de la compagnie, conformément à l'art. 27 du règlement du 30 avril 1883.

Fait et clos à Paris, les jour, mois et an que dessus.

(*Signatures des gardes.*)

Ce procès-verbal doit être visé pour timbre et enregistré en débet dans les quatre jours de sa date seulement, parce que la rue du Mail n'est pas une route.

Il est défendu aux rouliers, charretiers, bouchers, tripiers, charcutiers, blanchisseurs, laitiers, tapissiers, entrepreneurs de déménagements, marchands de meubles, et à tous conducteurs de voitures suspendues ou non suspendues, employées au transport des denrées, marchandises, meubles ou autres objets, de monter dans leurs voitures chargées, quand même elles ne seraient attelées que d'un seul cheval.

Cependant les voitures ci-dessus désignées, même celles chargées, pourront être conduites avec guides lorsqu'elles auront sur le devant un siège ou une banquette, qu'elles seront attelées d'un seul cheval et qu'elles seront menées au pas (art. 5 de l'ord. de police du 26 août 1861).

Les voituriers ou conducteurs qui ne se tiennent pas constamment à portée de leurs chevaux ou bêtes de trait et en position de les guider, contreviennent à l'art. 14 du règlement du 10 août 1852 s'ils sont sur les routes et chemins de grande communication, et à l'art 465 n° 5 du Code pénal lorsqu'ils se trouvent sur toute autre voie. — Cet article punit d'amende depuis 6 fr. jusqu'à 10 fr. inclusivement, les rouliers, charretiers, conducteurs de voitures quelconques, qui auront contrevenu aux règlements par lesquels ils sont obligés de se tenir constamment à portée de leurs chevaux et de leurs voitures et en état de les guider et conduire.

La peine d'emprisonnement pendant cinq jours au plus sera toujours prononcée en cas de récidive contre toutes personnes mentionnées en l'art. 476 (art. 478 du Code pénal).

Sont en contravention les conducteurs montés sur leurs chevaux ou dans une voiture non suspendue, attelée de plus d'un cheval ou d'un seul cheval qui ne serait pas conduit en guides et au pas (art. 45 n° 5 de l'instr. du 30 avril 1883 sur le service journalier et municipal de la garde républicaine).

N° 140. — *Procès-verbal constatant qu'un conducteur de voiture dite camion l'a laissée, ainsi que ses chevaux, sur la voie publique.*

Cejourd'hui... mil huit cent..., à... heures du matin, nous, soussignés, Hector D... et Louis T..., gardes au 5e escadron de la garde républicaine, casernés aux Célestins, revêtus de notre uniforme, et passant rue du Roule, avons remarqué qu'une voiture, dite camion, chargée de marchandises, et attelée de deux chevaux, y était abandonnée par son conducteur. La station de cette voiture, sur la voie publique gênant d'une manière notable la circulation, nous nous sommes mis à la recherche du conducteur, que nous avons trouvé buvant avec plusieurs personnes chez un marchand de vins. Ce fait constituant de sa part contravention aux ordonnances de police qui défendent aux conducteurs d'abandonner leurs chevaux et leurs voitures sur la voie publique, sur notre demande ledit conducteur a répondu se nommer Adolphe R... être âgé de..., demeurer rue Dauphine, n°..., et être en service chez le sieur C..., commissionnaire de roulage, mêmes rue et numéro, et propriétaire de ladite voiture. Nous étant assurés de la sincérité de cette déclaration, par l'inspection de la plaque, nous avons déclaré audit sieur R... que nous dresserions contre lui le présent procès-verbal qui sera remis en double expédition au commandant de l'escadron, conformément à l'art. 27 du règlement du 30 avril 1883.

Fait et clos à Paris, les jour, mois et an que dessus.

(*Signatures des gardes.*)

Ce procès-verbal, doit être visé pour timbre et enregistré en débet dans les quatre jours de sa date si, comme tout le fait croire, la rue du Roule n'est ni une route ni un chemin de grande communication, car dans le cas contraire, l'enregistrement devrait avoir lieu dans le délai de trois jours sous peine de nullité.

Conformément aux §§ 3 et 4 de l'art. 475 du Code pénal, les rouliers, charretiers et autres conducteurs de voitures de transport se tiendront constamment à portée de leurs chevaux, bêtes de trait ou de charge, ayant en main les guides ou le cordeau, afin de pouvoir les conduire. Il est défendu aux charretiers et conducteurs de voitures de monter sur leurs chevaux. Défense leur est également faite de quitter leurs chevaux ou leurs voitures, si ce n'est pour porter leurs marchandises dans les établissements auxquels elles sont destinées, et encore, dans ce dernier cas, les voitures devront avoir une roue enrayée au moyen d'une chaîne (art. 4 de l'ord. de police du 26 août 1861, et art. 45 n° 3 de l'instr. du 30 avril 1883 sur le service municipal de la garde républicaine).

Lorsqu'un roulier ou conducteur de toute voiture ne servant pas au transport des personnes laisse, sans nécessité, stationner sa voiture, attelée ou non attelée, sur la voie publique, il est passible d'une amende de 6 fr. à 10 fr., et d'un emprisonnement de un à trois jours. — En cas de récidive, l'amende est de 15 fr. et l'emprisonnement de cinq jours (art. 2 § 2 n° 5 et art. 5 de la loi du 30 mai 1851, et art. 10 du décret réglementaire du 10 août 1852).

N° **141**. — *Procès-verbal constatant qu'un charretier a été trouvé monté sur les chevaux de sa voiture.*

Cejourd'hui... mil huit cent..., à dix heures du matin, nous, soussignés, Louis A... et Joseph G..., gardes à la 1re compagnie du 1er bataillon de la garde républicaine, casernés rue Mouffetard, revêtus de notre uniforme, et passant rue Saint-Antoine, avons rencontré une voiture de foin attelée de trois chevaux sur l'un desquels était monté le conducteur. Attendu que ce fait constitue, de la part de ce dernier, contravention aux ordonnances de police, nous avons sommé ledit conducteur de descendre de dessus son cheval, ce qu'il a fait. Sur notre demande il a déclaré se nommer Eloi C..., être âgé de vingt-quatre ans, domestique au service du sieur B..., jardinier, chez lequel il demeure, barrière Saint-Jacques, n°... Nous étant assurés de la sincérité de sa déclaration, nous lui avons dit que nous rédigerions contre lui le présent procès-verbal qui sera remis en double expédition au commandant de la compagnie, conformément à l'art. 27 du règlement du 30 avril 1883.

Fait et clos à Paris, les jour, mois et an que dessus.

(*Signatures des gardes.*)

Ce procès-verbal doit être visé pour timbre et enregistré en débet dans les quatre jours de sa date; si la rue Saint-Antoine est une route, l'enregistrement a lieu dans les trois jours et les agents ont droit à une part de l'amende.

Si le contrevenant n'était pas domicilié dans le ressort de la préfecture de police il devrait être conduit devant le commissaire de police de l'arrondissement dans lequel il aurait été trouvé (ord. du 21 mars 1831).

Dans ce cas, le procès-verbal serait dressé en double expédition, dont une, visée pour timbre et enregistrée en débet, au commissaire de police ou au juge de paix du domicile de l'inculpé, pour servir de base aux poursuites judiciaires; l'autre, sans visa pour timbre et non enregistrée, serait adressée au commandant de la compagnie.

Aux termes de la loi du 30 mai 1851 et du décret du 10 août 1852, tout conducteur de voiture ne servant pas au transport des personnes doit se tenir à portée de ses chevaux et en position de les guider. Le charretier qui est monté sur l'un de ses chevaux peut bien guider celui-là, mais il ne peut pas guider les deux autres. — Il y a amende de 6 fr. à 10 fr. et emprisonnement de un à trois jours.

Sont en contravention les charretiers montés sur leurs chevaux ou dans une voiture non suspendue attelée de plus d'un cheval ou d'un seul cheval qui ne serait pas conduite en guides et au pas (art. 4 de l'ord. de police du 26 août 1861 et art. 45 n° 5 de l'instr. du 30 avril 1883 sur le service municipal et journalier de la garde républicaine).

VOL.

N° 142. — *Procès-verbal constatant un vol avec effraction.*

Cejourd'hui... mil huit cent..., à deux heures après midi, nous, soussignés, Louis P... et Prosper G..., gardes au 3e escadron de la garde républicaine, casernés aux Célestins, revêtus de notre uniforme, et passant sur le quai des Orfèvres, avons vu fuir devant nous, un individu sortant de la maison n° 23, et contre lequel étaient proférés les cris : Au voleur ! Nous étant mis à sa poursuite, il a été arrêté par des militaires qui se promenaient en cet endroit. Ayant été rejoint par nous, ainsi que par une personne qui l'accusait de lui avoir volé un couvert d'argent en brisant une glace de sa boutique, le prévenu a nié s'être rendu coupable de cette soustraction ; mais le plaignant l'ayant fouillé devant nous, l'a trouvé nanti d'un couvert tout neuf, qu'il a dit reconnaître pour provenir de son magasin. Ayant ramené l'inculpé sur le lieu du délit, nous avons constaté qu'une glace de 5 millimètres d'épaisseur, 50 centimètres de longueur sur 30 centimètres de largeur, sous laquelle se trouvaient divers objets d'orfèvrerie, était brisée en plusieurs morceaux ; sur notre demande, ce dernier a répondu se nommer Louis L..., âgé de 27 ans, sans profession, et demeurer rue de Lancry, n° 43, chez ses père et mère. La discussion s'étant établie entre lui et le sieur D..., orfèvre plaignant, qui soutenait audit L... le reconnaître pour celui qui s'était furtivement introduit dans sa boutique et y avait dérobé le couvert retrouvé sur lui, ledit L... a fini par avouer les faits qui lui sont reprochés. Nous l'avons arrêté et conduit chez le commissaire de police du quartier, entre les mains de qui nous avons déposé le couvert d'argent volé. Ce magistrat, après avoir interrogé et reconnu la culpabilité dudit Louis L..., nous a requis de le transférer à la préfecture de police, où il a été déposé contre le reçu ci-joint après l'avoir fouillé de nouveau sans rien trouver de suspect.

De ce que dessus nous avons rédigé le présent qui sera remis en double expédition au commandant de l'escadron, conformément à l'art. 27 du règlement du 30 avril 1883.

Fait et clos à Paris, les jour, mois et an que dessus.

(Signatures des gardes.)

(Signalement du prévenu.)

Ce procès-verbal doit être visé pour timbre et enregistré en débet dans les quatre jours de sa date.

Les autres vols non spécifiés en la présente section, les larcins et filouteries, ainsi que les tentatives de ces mêmes délits, seront punis d'un emprisonnement d'un an au moins et de cinq ans au plus, et pourront même l'être d'une amende qui sera de 16 fr. au moins et de 500 fr. au plus (art. 401 du Code pénal).

Seront arrêtés et conduits devant le commissaire de police du quartier, les individus qui chercheraient à vendre à vil prix des objets qu'on pourrait présumer avoir été volés (art. 35 n° 8 de l'instr. sur le service municipal et journalier de la garde républicaine).

N° **143**. — *Procès-verbal constatant un vol simple.*

Cejourd'hui... mil huit cent..., à cinq heures du soir, nous, soussignés, Jean P... et Jacques A..., gardes au 5e escadron de la garde républicaine, casernés à la Cité, revêtus de notre uniforme, nous trouvant sur la place St-Michel, près de la boutique du sieur Laurent A..., cordonnier, demeurant au n° 8 de ladite place, avons remarqué qu'un individu cachait sous sa blouse une paire de souliers que nous lui avons vu prendre sans les marchander, devant la porte de ladite boutique. Après avoir attendu quelques instants pour savoir s'il en parlerait au marchand, et nous être assurés qu'il se retirait sans en rien faire, nous nous sommes approchés de lui et l'avons mis en présence du sieur Laurent, à qui nous avons fait part du vol que cet individu venait de commettre à l'étalage de sa boutique. Ayant cherché sous sa blouse, nous y avons trouvé lesdits souliers, que le marchand a de suite reconnus pour lui appartenir et lui avoir été enlevés sans que l'inculpé les eût marchandés ni payés, ce que ce dernier a fini par avouer. Sur notre demande il a répondu se nommer Jérôme P..., âgé de 25 ans, sans profession, ni domicile.

Attendu que les faits ci-dessus constituent un délit prévu par le Code pénal, nous l'avons arrêté et conduit chez M. le commissaire de police du quartier, à qui nous avons remis les souliers volés. Ce magistrat, après avoir interrogé l'inculpé et reconnu sa culpabilité, nous a requis de le conduire à la préfecture de police, où il a été déposé contre le reçu ci-joint, fouillé avec soin nous avons trouvé dans les poches de sa veste... (*indiquer les objets dont il aurait été porteur*).

De ce que dessus nous avons rédigé le présent procès-verbal qui sera remis en double expédition au commandant de l'escadron, conformément à l'art. 27 du règlement du 30 avril 1883.

Fait et clos à Paris, les jour, mois et an que dessus.

(*Signalement du prévenu.*)

(*Signatures des verbalisants.*)

Ce procès-verbal doit être visé pour timbre et enregistré en débet dans les quatre jours de sa date.

Tout inculpé arrêté en état de flagrant délit pour un fait puni de peine correctionnelle est immédiatement conduit devant le procureur de la République (à Paris devant le commissaire de police du quartier), qui l'interroge, et, s'il y a lieu, le traduit sur-le-champ à l'audience du tribunal. Dans ce cas, le procureur de la République peut mettre l'inculpé sous mandat de dépôt (art. 1er de la loi du 20 mai 1863 sur les flagrants délits).

S'il n'y a point d'audience, le procureur de la République est tenu de faire citer l'inculpé pour l'audience du lendemain. Le tribunal est au besoin spécialement convoqué (art. 2).

Les témoins peuvent être verbalement requis par tout officier de police judiciaire ou agent de la force publique. Ils sont tenus de comparaître sous les peines portées par l'art. 157 du Code d'instruction criminelle (art. 3).

Si l'inculpé le demande, le tribunal lui accorde un délai de trois jours au moins pour préparer sa défense (art. 4).

Si l'affaire n'est pas en état de recevoir jugement, le tribunal en ordonne le renvoi, met l'inculpé provisoirement en liberté avec ou sans caution (art. 5).

L'inculpé, s'il est acquitté, est immédiatement, malgré appel, mis en liberté (art. 6).

La présente loi n'est point applicable aux délits de presse, aux délits politiques, ni aux matières dont la procédure est réglée par des lois spéciales (art. 7 de la loi précitée).

N° 144. — *Ordre de consigne.*

GARDE RÉPUBLICAINE.
—
Caserne d
—
• Bataillon.
• Compagnie,
ou
• Escadron.

Le chef du poste de la pointe Saint-Eustache est invité à garder et tenir à notre disposition le nommé Antoine P..., âgé de quarante ans, menuisier, disant demeurer rue d..., n°..., que nous avons arrêté aujourd'hui à onze heures du soir comme prévenu de vagabondage, et qui, par nos soins, sera conduit demain, à neuf heures du matin, pardevant M. le commissaire de police du quartier.

Paris, le 18

(*Signatures des gardes et du chef de poste.*)

Cette formule est employée lorsque les faits qui ont déterminé l'arrestation, ou les renseignements qu'il y a lieu de donner, sont de nature à rendre nécessaire la présence des gardes verbalisants au bureau du commissaire de police.

S'il n'est point utile que les gardes se rendent près de ce magistrat, il convient d'employer la formule suivante :

GARDE RÉPUBLICAINE.
—
Caserne d
—
• Bataillon.
• Compagnie,
ou
• Escadron.

N° **145.** — Le chef du poste du Palais de Justice est invité à recevoir pour être, par ses soins et conformément aux instructions de la consigne générale, conduit devant M. le commissaire de police du quartier, demain à neuf heures du matin, le nommé Antoine H..., âgé de... ans, se disant menuisier, et demeurer rue des Lombards, n°..., que nous avons arrêté aujourd'hui, à onze heures du soir, comme inculpé de vol. Le procès-verbal constatant cette arrestation sera, par nous, remis à M. le commissaire de police avant neuf heures du matin.

Paris, le 18

(*Signatures des gardes et du chef du poste.*)

Dans ce cas, l'un des gardes signataires du procès-verbal d'arrestation doit le porter au commissaire de police du quartier où a été faite l'arrestation, en prendre un reçu et rentrer à sa caserne, à moins que le prévenu, ayant été amené, il ne soit requis d'assister à son interrogatoire.

Observations essentielles. — Tous les individus doivent être fouillés avec un soin scrupuleux au moment de leur arrestation par les gardes qui l'ont opérée. La même formalité doit être remplie par le chef de poste où ils sont déposés, avant de les mettre sous clefs. On ne doit rien leur laisser qui puisse faciliter leur évasion, leur permettre de se suicider ou d'attenter aux jours de leurs gardiens ou des individus enfermés avec eux.

N° **146**. — *Modèle de réquisition.*

GARDE RÉPUBLICAINE.

—

Caserne d

—

e Bataillon.
e Compagnie,
ou
e Escadron.

En vertu de l'art. 137 du décret du 1er mars 1854, le chef du poste du Palais de Justice est requis de mettre à notre disposition deux hommes de service, pour nous aider à opérer l'arrestation de plusieurs individus inculpés de bruit et tapage troublant la tranquillité publique.

Paris, le 18

(*Signatures des gardes requérants.*)

Tout militaire en activité de service ou en congé est tenu de prêter main-forte aux agents de la force publique, conformément aux art. 106 du Code d'instruction criminelle et 475 n° 12 du Code pénal.

Les officiers, sous-officiers et gardes républicains attaqués ou outragés dans l'exercice de leurs fonctions sont en droit de requérir l'assistance des citoyens présents à l'effet de leur prêter main-forte, en vertu de l'art. 621 du décret du 1er mars 1854. En cas de refus de la part des citoyens ainsi requis, il y a lieu de dresser procès-verbal contre eux et de provoquer leur condamnation à l'amende de 6 fr. à 10 fr. inclusivement prononcée en ce cas par l'art. 475 n° 12 du Code pénal.

N° **147**. — *Ordre d'envoi à la Fourrière publique.*

GARDE RÉPUBLICAINE.

—

Caserne d

—

e Bataillon.
e Compagnie,
ou
e Escadron.

Le gardien de la Fourrière publique, établie rue de Pontoise, n° 19, est requis de recevoir, pour y être gardés à la disposition de M. le commissaire de police de ladite fourrière, le cheval et la charrette signalés au rapport ci-joint. Il voudra bien payer au nommé H..., commissionnaire, la somme de... qui lui est allouée pour salaire de conduite, conformément à l'arrêté de M. le préfet de police, en date du 25 mars 1851.

Paris, le 18

(*Signature et grade de celui qui délivre l'ordre.*)

LÉGION
DE LA GARDE
RÉPUBLICAINE.

• Bataillon.
• Compagnie.
• Escadron.

N° 148. — Modèle A (à établir sur une feuille simple).

(Instruction du 30 avril 1883 sur le service municipal de la garde républicaine.)

ORDRE DE CONSIGNE.

Paris, le 18 .

Monsieur le Chef de poste d
est requis de faire mettre au violon et d'y tenir consigné à notre disposition, pour y être conduit par nos soins, demain à heures du , pardevant M. le Commissaire de police du quartier,

Signalement..............

Inventaire des objets trouvés sur le prévenu..........

Toute somme d'argent, si minime qu'elle soit, est mentionnée en toutes lettres.

Motifs de l'arrestation.....

Signature.

Nota. Le sous-officier, brigadier ou garde termine l'ordre de consigne en signant très lisiblement.

TABLE ALPHABÉTIQUE

A

P

R

S

T

Paris. — Imp. Léautey, rue Saint-Guillaume, 24.

www.ingramcontent.com/pod-product-compliance
Ingram Content Group UK Ltd.
Pitfield, Milton Keynes, MK11 3LW, UK
UKHW020340230726
13925UKWH00003B/894

9 782019 277130